삶과 문화 속으로의 여행
중국

삶과 문화 속으로의 여행 중국

지 은 이 | 김영돈
펴 낸 이 | 김원중

편　　집 | 이민수
디 자 인 | 박선경
제　　작 | 최은희
마 케 팅 | 권영재
펴 낸 곳 | DDK(주)
　　　　　도서출판 선미디어
초판인쇄 | 2004년 12월 10일
초판발행 | 2004년 12월 15일

출판등록 | 제2-2576(1998.5.27)

주　　소 | 서울시 은평구 대조동 38-4
　　　　　월드빌딩 5층 전관
전　　화 | (02)355-4338
팩　　스 | (02)388-6008
홈페이지 | http://smbooks.com

ISBN 89-88323-64-5 03980

값 9,500원

*잘못된 책은 바꾸어 드립니다.
*본문에 실려있는 글은 저작권 보호를 받는 저작물이므로
　출판사와 저자의 허락없이 무단 복제할 수 없습니다.

삶과 문화 속으로의 여행
중국

중국여행 어떻게 하면 좋을까

중국은 유구한 역사와 국토의 광활함만큼이나 여행하다보면 돌아볼 곳이 너무 많은 나라다. 도처에 산재한 웅장한 역사적 건조물과 빼어나서 수려하면서도 기이하여 기괴하기 까지 한 경관들….

여행자들은 그 여행 목적에 따라 자신들에게 알맞은 코스와 일정을 정하지만, 대부분 단체여행으로 참가해야 하는 현실이다 보니 그 제약요소가 많다.

관광단 일원으로 참가하여 빡빡한 일정에 정신없이 깃발을 든 안내원의 뒤를 따르다 보면 나중에 무엇을 보았는지 조차도 생각나지 않을 때가 있다.

중국여행은 특히 그러한데 필자가 느낀 바로는 가능하다면 혼자 떠나보거나 친지 혹은 동호인끼리 소규모로 인원을 구성하여 지역별로 여러 차례로 나누어 둘러보면 좋을 것 같다.

한대에서 아열대지역에 걸치는 광활한 나라이다 보니 여행할 계절과 지역을 적절히 선택하고 안배해야 하는 것도 중요하다.

지역별 주요 관광지를 간단히 소개해 보면 다음과 같다.

첫째, 웅장하고 화려한 건축물을 자랑하는 고궁 및 이화원과 팔달령 만리장성을 포함한 베이징 일대 지역에다가 문화혁명 당시 대부분 파손되었다가 그 후 복원된 공자의 유지가 있는 곡부와 진시황을 비롯해 72명의 황제가 봉선제를 올렸다는 태산.

둘째, 최초로 중국 고대 통일국가를 이룩하고 죽어서도 부귀영화를 누리려한 진시황이 잠들어 있는 여산능과 병마용으로 유명해진 시안지역.

셋째, 임시정부 청사와 홍구공원이 있는 상해, "죽어서 천당이 있고 살아서는 소주·항주가 있다"는 말처럼 아름다운 정원과 호수의 도시인 소주와 항주, 그리고 우리 설악산보다 조금 높으면서 절경을 이루는 황산과 이백의 '여산폭포' 詩로도 유명한 여산.

넷째, 우리 민족의 영산인 백두산과 고구려 유적지로 개방된 집안 일대와 고구려 발상지로 알려진 환인 '오녀산', 그리고 중국 최북단 도시로써 최근에는 겨울철 빙등제로 유명한 하얼빈지역.

다섯째, 내몽고자치구의 초원과 '실크로드'를 타고 오가며 다양하고 이질적인 문화를 접해볼 수 있는 신강자치구 및 감숙성, 청해성 지역.

여섯째, 서남쪽에 위치한 고원지대여서 겨울은 온화하고 여름에도 무덥지 않아 서구인에게도 휴양지로 각광받고 있는 이른바 춘성(春城)으로 일컬어지는 곤명과 대리 일대 지역.

일곱째, 거대하고 아름다운 불교 사원과 '달라이라마' 그리고 당태종의 수양딸 문성공주의 사연이 깃든 서장자치구.

여덟째, 중국 서남부 지역을 둘러보고 중경으로 올라와 양자강을 따라 뱃길로 내려오면서 삼국지에 등장하는 인물과 지역에 얽힌 전설에다 비경을 마주하며 내려오는 장강삼협, 한고조 유방을 도와 한나라 1등 개국 공신이 된 장자방이 말년에 은둔하며 이곳에서 신선이 되었다는 장가계를 중심으로 한 무릉원 일대.

아홉째, 山水로는 天下第一이라는 계림을 지나 중국 최남단에 위치하면서 야자수 숲과 깨끗한 남색 푸른 해변이 있어 가장 이국적인 풍치를 느끼게 하는 중국에서 가장 아름다운 해변도시 북해시와 겨울철에도 해수욕이 가능한 해남도 등을 들 수 있다.

물론 여기에 언급되지 않은 많은 관광지가 있지만, 지역별로 이동하다가 일정에 맞게 둘러 볼 수 있겠다. 그러나 처음부터 욕심을 부려 무리한 일정을 잡는 것은 금물이다.

이 책의 주요내용에서 등장하는 인물들은 열차·버스·선박을 이용하면서 만난 사람들 그리고 도시·농촌·바닷가·초원 등에서 만난 현지 사람들로서 농부·어부·목동·상인·회사원·자영업자·종업원·공무원·교수·학생·신문기자 등이다. 그래서 이들과 접촉하면서 보고, 듣고 느낀 내용을 중심으로 엮었고, 사소하다고 여겨지더라도 그 의미를 찾아보고자 했다. 어떤 지역에서는 한 달 가까이 한 곳에 머무르면서 동네 아이들에서 노인에 이르기까지 그들의 생활 가까이 접근해 보기도 했다.

자연물이나 인공건조물들은 여행자 스스로가 현장에 가서 보고 느끼는 것이 중요하다고 생각했기 때문에 특별한 경우에 한해서 간략하게 다루었다.

현지인의 일반적인 속성이나 내면의식 혹은 그들만이 가지고 있다고 여겨지는 이질적인 것과 유적지 등에서의 감회를 느낀 대로 기술함으로써 사물이 보는 사람의 시각이나 생각에 따라 얼마나 달라질 수 있는가를 깨달아 여행의 질감을 높여보고자 했다.

또한 56개 민족, 13억 인구가 사는 광활한 대륙, 산이나 하천 등을 경계로 하여 언어·풍속·기후·풍토가 갈라지는 여로에서 간간이 도전받았던 곤경이나 실수를 소개함으로써 실제 여행에 참고할 수 있도록 했다.

끝으로 이 책이 독자들의 중국 여행에 그리고 중국인들의 삶과 문화를 이해하는데 도움이 되었으면 한다.

2004년 12월 1일

김 영 돈

contents

1부. 중국인 그들은

속마음을 내 보이지 않는 사람들 · 14
가짜천국이 된 중국 · 22
하늘을 원망하지 않는 농민 · 25
자신의 일이 아니면 수수방관 · 30
첫 등산 때 만난 우씨노인 · 33
먹고 마시고 버리고 · 39
예쁜 얼굴에 가래침이라니 · 41
상술의 명인 온주 사람들 · 43
외국인은 봉 · 45
다층 심리구조 그 접근방법 · 48
여종업원의 체념적 숙명론 · 54
난링역 앞 좌판 할머니 · 56
한집에 성이 다른 자녀 · 58
민족 대이동 · 60
식사위생은 영점 · 62
커서 다시 보자 · 65
지식인들의 고뇌 · 68
만만디에서 근면 · 성실로 · 72
환경에 대한 인식변화 · 76

차 례

기숙사의 함성 · 79
한국전에 참가한 촌부 · 82
혁명 후예들의 자존심 · 85

2부. 끝없는 대륙, 그 구석구석을 찾아서

역사문화의 도시 베이징과 시안 · 90
문화 역사가 숨쉬는 화중지방 · 99
열차와 여객선에 13억 인구를 싣고 · 109
삼장법사의 곤경은 현실로 · 113
3배의 차비와 VIP대접 · 122
경과역을 확인하지 않은 실수 · 126
현지인의 권고나 제안에 귀를 기울여라 · 128
유령이 출몰할 것 같은 객사 · 132
삼륜 인력거의 편리성 · 137
실크로드 북쪽 노선 우루무치 가는 길 · 140
어느 목동의 휘파람 소리 · 148
내몽고 초원에서 자란 청년 · 152

contents

황허의 봄 홍수 · 155
두보 초당의 빛바랜 고즈넉함 · 158
해남성 바닷가 여족 아이들 · 161
영화같은 송별장면 · 165
외래어 음역의 한계성 · 168
라싸에 파견된 관리와 청년 · 171

3부. 한민족 얼, 고구려의 기개가 여기에!

민족의 영산 백두산을 찾아서 · 180
고구려 발상지 환인 오녀산의 신비 · 185
고구려 숨결이 살아있는 집안 · 196
안도지방의 초가집 · 198
3국 영토의 분기점인 두만강 · 200
조선사람은 조선사람 끼리라는 폐쇄성 · 203
집안에서의 해프닝 · 205
새장속의 멧새와 만주족 · 212
동북여행을 마치며 · 216

차 례

4부. 부록

중국 7대 고도 · 220
중국 5대 원림 · 225
중국 5대 유명 석굴 · 228
중국 관광 지도 · 231

1부

중국인 그들은

중국인 그들은

속마음을 내 보이지 않는 사람들

중국 사람들은 자신과 특별한 관계, 예를 들어 가족, 가까운 친·인척, 친구 등의 사이가 아니면 좀처럼 자신의 속을 내보이지 않는 사람들 같다. 그리고 남들과 다른 생각이라고 해서 쉽게 이견을 말하지도 않는다.

이것은 오랜 유교 전통에서 비롯된 몸에 밴 겸손함의 표현이거나, 자신이 괜히 어떤 일에 참견해서 닥칠지도 모르는 곤란한 상황에 빠지지 않겠다는 사려깊은(?) 행동으로 보여졌다.

5천년 역사 이래 잦은 내전과 정치적 변혁기에 전면에 나서는 것은 곧 자신에게 불이익이 된다는 역사적 경험에서 나온 백성들의 의식구조가 그렇게 만들었는지도 모른다.

하기는 요즘에도 일반 사람들간에 '위대한 사람 (본래 마오쩌뚱을 지칭)의 한 마디 말은 백성의 일만 마디 말보다 유용하다' (一句

頂一萬句)라고 인식되고 있는 것처럼 그저 어리석은 백성들은 굿이나 보고 떡이나 먹는 것이 속 편하다는 현실적 보신주의가 그렇게 만들었는지도 모를 일이다.

그 이유야 어디에 있던 한 가지 분명한 것은 많은 사람이 관계되는 일이라면 모두가 남 앞에 나서기를 상당히 꺼려한다는 점이다.

버스 유리창의 굉음에도 태연자약

동북지역 여행 시 좡허(庄河)라는 작은 도시에서 멀지 않은 계곡을 둘러보고 되돌아 나오던 중, 대학생으로 보이는 남녀일행 여섯 명과 함께 이 계곡을 정기 운행하는 소형버스에 동승하게 되었다.

옷차림이나 대화 내용으로 보아 대학 2학년생쯤으로 여겨졌는데, 이들 중 한 남학생이 계곡 물에 빠졌었는지 버스에 오르자마자 겨울 내복차림으로 앉아 청바지를 차창밖에 내걸었다.

말릴 요량으로 내건 물에 흠뻑 젖은 청바지는 달리는 버스 유리창을 때려, 마치 아기 주먹만한 우박이 양철 지붕 위에 쏟아지듯 굉음을 냈다. 그 소리가 얼마나 큰지 저러다가 유리창이라도 깨지면 어떻게 하나 하는 걱정이 될 정도였다.

그러나 신기한 것은 어느 누구도 개의치 않는다는 것이었다. 내가 생각하기에는 이 좁은 지방도로에서 마주 오는 차량이 있다면 그 차량에도 방해가 될 뿐만 아니라 우선 이 차 운전기사가 신경쓰여 운전이 제대로 될까 싶어 조바심이 났다.

　이 학생의 행위를 가장 먼저 제지해야 할 버스 안내양은 그 광경을 한 번 보고는 순간적으로(이것은 정말 그때 순간적이었다) 미간을 약간 찌푸리고는 무슨 말을 하려다 이내 빙그레 웃었을 뿐 전혀 반응하지 않았다.

　버스기사 역시 이런 일쯤은 이미 면역되어 있는지 오히려 신경 쓰는 게 이상한 일인 양 아무 일 없다는 듯이 차를 계속 몰아 두 시간 거리의 목적지까지 무사히 도착시켰다.

　두 시간 내내 나 혼자만 신경 쓰고 걱정하고 안절부절못했단 말인가? 나는 사실 중간에 이 학생을 향해 참견을 했었다. 이 학생은 내 말을 알아듣지 못했는지 돌아보지 않았으며 다만 그 옆에 앉아 있던 여학생이 나를 한 번 흘끔 쳐다 보았을 뿐이었다.

　이 여학생은 내가 언짢아하는 표정을 보았을텐데, 동료남학생의 행위에 대해 부당하다거나 지나치다하고 제지하지 않았으며 말해주지도 않았다. 이들 학생들은 근본적으로 이런 행위가 교통에 방해되는지 이웃에게 얼마나 피해를 주는지 모르는 듯했다.

　얼굴 모습은 모두 청순하고 똑똑한 대학생으로 보였으나, 이들의 행동은 내게 지금 막 다른 우주에서 어쩌다가 탈 틀(자동차)이라는 도구에 떨어져 잠시 동승하게 되지 않았나 하는 생각이 들게 했다.

　반면 나를 흘끔 쳐다본 여학생은 "댁의 행색을 보아하니 보통의 중국인 아저씨쯤으로 보이는데 왜 우리를 참견하는지 정말 이상하군요"라고 말하는 것 같았다.

물처럼 흐르는 낙관적 시간관념

　시외버스를 털털거리며 타고 가던 중 도로 일부를 보수하는 지역을 만났다. 이곳은 세 갈래 교차로였는데 교통량이 많지 않아 한산한 편이었다. 내가 탄 버스가 교차로를 막 진입할 즈음 양방향에서 대형트럭이 동시에 먼저 진입하려다가 세 방향의 모든 차가 서로 뒤엉키게 되어 오도가도 못하게 되었다.
　그러나 누구 한 사람 차량을 통제하여 소통시켜 보겠다고 나서는 사람이 없었다. 도로를 보수하는 사람들은 이미 그렇게 움직이도록 설계된 로봇 마냥 이 일에 전혀 아랑곳하지 않고 보수작업을 계속하고 있었고, 운전기사·버스안내양·승객 모두 삼위일체가 되어 마치 좋은 구경거리라도 만난 양 이 상황을 즐기고 있다.
　내가 탄 버스기사는 아예 시동을 끄고 버스에서 내려 길가 구멍가게 등에서 구경나온 사람들과 한담이나 하고 있었다.
　차라리 내가 뛰어내려 도로보수 작업현장 책임자에게 항의라도 하고 싶었으나, 나도 벌써 이곳에서 생활한지 3년이 지나고 있으니 많이 익숙해지고 동화되어 가는가 보다.
　나는 언젠가 부터 이곳 사람들과 똑같은 분위기에 빠지는 편이 훨씬 마음이 편하고 유쾌하게 지낼 수 있다는 것을 조금씩 터득해 가고 있었다.
　"이런 것이 바로 환경적응이라는 것이구나. 모든 생물은 환경에 적응되게 마련이라지 않는가. 여기에 적응하지 못한 생물은 자연히 도태된다고 어떤 생물학자는 말했지. 맞아. 나도 이들과 같이 이 지독한 인내심인가, 원만함인가 하는 것을 길러 보는 거야. 그것이 인내심이든, 원만함이든, 체념이든, 무관심이든, 수수방관이든 상관없이 말이다."

나의 인내심을 최종 시험하는 단계에서 벗어날 즈음 내가 탄 버스는 정말 '자연적' 으로, 물이 높은 곳에서 낮은 곳으로 흐르듯 그 구간을 서서히 빠져나가고 있었다.

한 번은 곤명에서 대리로 들어갈 때였다. 내가 탄 고속버스는 2시간 가량 달려 중간지점에 있는 휴게소에 들렀다. 승객들이 하차하여 휴식을 취하고 있을 때 버스기사는 뒤늦게 엔진오일이 새고 있음을 발견했다. 하지만 응급처치가 불가능한 상태였다.

버스안내양은 30분 후에 오는 버스를 이용하면 된다고 했으나 자리가 비어있는 버스는 2시간이 지나도 오지 않았다. 하지만 승객 중에서 누구 한 사람 조바심을 내는 사람이 없이 느긋하게 기다렸다. 오히려 삼삼오오 그늘에 앉아 카드를 즐기고 있다.

우리 같으면 항의소동이 몇 번은 일어났을텐데 말이다.

드러내지 않는 본심

이곳 유학생활을 하면서 중국인은 과연 아주 절친한 사이가 아니면 자기 본심을 좀처럼 내비치지 않는구나 하고 종종 느껴왔다. 그러면서도 이들은 속으로는 철저히 실리(實利)를 생각한다.

친한 친구 사이라 할지라도 알맞은 분위기에서 서로 의기투합되지 않는 한 "친구 생각은 그렇지만 내 생각은 이렇다. 이러저러하기 때문에 친구 생각은 틀린 것 같다" 라고 자신의 이견(異見)을 말해 주지 않는다. 자신의 생각과 다르다면 적당히 얼버무려 다른 화제로 돌린다.

단동(丹東)에서 요동반도 해안 쪽으로 나 있는 국도를 따라 따리엔(大連)으로 갈 때 곳곳에 끝이 보이지 않는 갈대밭을 보자 10여 년 전쯤의 일이 생각났다.

당시 모 재벌 회장은 요동반도 일대를 둘러보면서 '광활하게 펼쳐진 이 갈대밭 황무지를 건설장비를 들여와 개간하여 벼농사를 지으면 좋겠다' 는 요지의 말을 했던 것으로 기억하고 있다. 그러나 그때 어떤 상황이었는지 모르지만, 중국관계자는 그 말의 의미가 대체 무엇인지 어리둥절했을 법하다.

그리고 이 관계자는 그 때든 그 후든 이에 대한 어떠한 의견도 제시하지 않았을 것이다. 당시 상황이야 어떻든 내가 중국 전역을 둘러 본 바로는 황무지는 없었기 때문이다.

중국은 5천년이래 농업국가인데다 인구는 많고 국토 면적의 3분지 2가 산악 및 사막지대로 이루어져 경작지는 인구에 비해 부족한 실정이다. 그동안 만리장성축조, 매년 반복되는 양즈·황허강의 범람에 따른 치수사업, 운하건설, 서·남부 산악지대와 사막을 가로지르는 철도 및 도로건설 등 힘든 각종 역사(役事)에 단련되어

온 사람들이다. 이미 오래 전에 웬만한 산은 모두 개간하여 해발 1천m 넘은 부분까지 차(茶)를 재배하거나 밭농사를 짓고 있다.

따라서 동쪽 해안 평지의 갈대밭을 옥토로 만드는 일은 누워서 떡 먹기 정도로 생각하고 있는지도 모른다. 갈대가 집중 분포되어 있는 곳은 중 북부 동쪽 해안으로 논과 밭이 집중된 인구 밀집지역이다. 갈대를 베어내면 논이 될 수 있는 갈대밭도 많았는데, 갈대를 재배하고 있는 것처럼 보이기도 했다.

농민들은 갈대를 여러 방면에서 이용하고 있으며 직접 소득이 되고 있다. 그 쓰임새는 농민들이 집을 지을 때 지붕 새를 잇는 재료, 캉(炕)위에 까는 돗자리, 마을 일정단위마다 곡식창고 제작(방수, 통풍, 온 습도 조절기능 우수)등에 사용하고 있다. 또 종이 원료, 약제(뿌리), 특히 갈대 잎은 '굴원(屈原)의 고사'가 깃든 전통음식의 하나인 종즈(粽子:갈대 잎으로 싸서 만든 일종의 주먹밥)를 만드는 데도 쓰이고 있다.

갈대는 본래 사람의 손이 필요 없이 자생하는 식물이므로 재배라는 말에는 동의하지 않으나, 그 쓰임새에 대해서는 아직도 매우 중시하고 있었다. 하지만 공업화의 진전에 따라 갈대의 쓰임새나 수요도 그만큼 줄어갈 것임으로 이제는 환경보호측면에서 보아야 할 것 같았다.

나는 초가을 이 광활한 갈대밭을 지나면서 이 들판 어느 적당한 지점에서 교향악 연주회를 갖으면 어울릴 것 같다는 상상을 해 보았다.

굴원의 고사

굴원은 춘추전국시대 초 나라의 충신이었다. 당시 굴원의 정치적 부상을 시기하던 상관대부 근상의 모함을 받아 강남지방으로 유배당한다. 어느 날 양자강가에서 어부를 만나 다음과 같은 대화를 나누었다고 전해지고 있다.

굴원이 어부에게 "세상은 온통 더러워져 있어도 나만은 깨끗이 살고 싶소. 세상 사람들이 모두 술에 취한 듯이 살고 있어도 나만은 홀로 맑은 정신으로 살고 싶소"라고 일단의 소회를 피력하자, 어부는 굴원에게 "옛날부터 훌륭한 사람은 세상의 흐름에 잘 맞추어 처세를 했소. 맑은 물이라면 갓끈을 씻으면 되고 더러운 물이라면 발을 씻으면 되는 일, 세상이 온통 더럽다면 거기에 맞춰서 살고 모든 사람이 취해 있으면 같이 술 마시고 취해 살아보는 것도 괜찮은 일이 아니겠소? 선생은 그 뛰어난 재주를 가지고도 세상에 맞춰 그 뜻을 펴지 않고 이렇게 유배를 당한 것이 잘한 일이라 믿소?"라고 꼬집었다.

이에 굴원은 "누가 깨끗한 몸에 때를 묻히기를 좋아하겠소, 어떻게 흰 깨끗한 몸으로 이 세상의 더러운 먼지와 때를 뒤집어쓰며 살아간단 말이오"라고 답한 후 자신은 이미 강물에 투신하여 자결할 것을 결심한 듯이 '돌을 안고서'라는 시를 짓고 마침내 바위를 품에 안고 깊은 강에 몸을 던졌다.

굴원이 죽은 날이 바로 음력 5월 5일 단오절이다.

지금도 사람들은 단오날에 주먹밥(粽子)을 만들어 강물에 던져주며 고기가 굴원의 시신을 먹지 않도록 하고 뱃놀이를 하며 굴원의 혼을 위로하고 있다고 한다.

중국인 그들은

가짜 천국이 된 중국

사람들은 권력과 돈은 동전의 양면과 같아 뗄래야 떼어 놓을 수 없는 것으로 여겨왔다. 그리고 이를 추구하는 사람들은 칼날과 칼자루같이 함께 있어야 더 나은 기능을 할 수 있는 것처럼 생각해 온 것도 사실이다.

유교가 중심 사상이 되어온 중국 전통사회에서는 지배계층은 돈에 초연함을 미덕으로 삼아, 부(돈)를 추구하는 것은 소인배의 몫쯤으로 여겨왔으면서도 피지배 계층의 생산물질은 모두 지배계층의 소유물로 생각하는 이중잣대를 가지고 있었다.

그 후 백성들은 사회주의 체제 하에서 절대적 평등을 경험해 보았으나, 저 품질, 저 생산이라는 비효율을 감수해야 했다. 78년 개혁개방 후 가져온 질적인 제고와 급속한 양적인 팽창은 권력과 돈의 결탁이라는 부정적 요소를 새로이 파생시켰다.

요즘 일반 국민들은 돈이 권력을 부려 공권력 집행이 제대로 되지 않는다고 푸념한다. 정부당국은 부패문제를 개선하기 위해 상당히 고심하고 있는 것 같다. 뇌물수수 공직자들의 엄중한 공개처벌 내용이 연일 방송을 타는가 하면 무슨 법 제·개정이 꼬리를 물고 발표되고 있다.

그러나 많은 사람들은 '백성은 백성대로 강 건너 불 구경쯤으로 생각하고 있으며 권력을 가진 사람들은 또 그들대로 지위가 높고 낮음에 관계없이 그 자리에 걸 맞는 새로운 부패고리를 은밀히 만들어 가고 있을 뿐'이라고 여기고 있었다.

이렇게 국가·단체 등 공공부문의 돈이 효율적으로 쓰이지 못하고 더구나 개인은 자신이 소속된 집단의 돈을 너나 할 것 없이 나눠먹기 식으로 챙기고 허비하면서 자신의 사익을 불리는데 수단과 방법을 가리지 않는데도 현존하는 위험이 없이 목적이 달성되는 경우가 빈번하다면 그 사회는 부패의 정도가 심하다 할 것이며 효율적이지 못한 사회 체제라 말하는 것은 지극히 당연하다.

어느 체제나 발전단계가 있어 홍역도 겪고 잔병도 치르면서 성장하는 것처럼 이 나라에도 똑같이 적용된다면 문제는 간단할 수도 있으나 인구, 소수민족, 소득 불균형, 환경 등 중국이 안고 있는 문제는 상당히 복잡해 보였다.

한편 돈이면 다되며 무엇이든 다 할 수 있다는 황금 만능주의 풍조는 가짜도 돈이 있어야 만들 수 있다는 인간의 부조리와 함께 어우러져 가짜천국을 만들어 가고 있었다. 그리고 그들 스스로가 '가짜의 왕국'임을 인정하고 있었다.

　외국 사람들이 중국 음식문화의 다양함을 신기해 하면 이들이 하는 농담으로, 하늘에서 날고 있는 비행기와 바다에 떠다니는 배 그리고 땅에서 기는 탱크를 제외하고는 무엇이든 요리해서 먹는다고 말하곤 했는데, 요즘은 '사람만 제외하고 모든 것을 가짜로 만들 수 있다'고 말한다.

　가짜는 담배·주류·생수·약품·의류 등 공산품은 물론 농·수산품에다 심지어 문학 작품에 이르기까지 광범위하게 거래되고 있었다. 가짜에 면역이 되고 만성이 된 이들의 입에서 나온 불신의 자조는 '그래도 가짜가 진짜보다 잘 만들어 졌다면'이었다. 가짜 담배를 피우면서 '이 담배 생산자가 농약을 적게 뿌린 잎담배를 수집해서 만들었다면' 하고 무망한 바램을 농담 삼아서 하고 있었으며, 가짜 술을 마시면서 술 생산자가 방부제 등 인체에 유해한 물질을 넣지 않고 제조했기를 바라고 있었다. 그리고 생수를 마시기 전에 다시 한 번 병을 거꾸로 들어 이물질이 들어있나 확인하는 것은 이미 습관화된지 오래였다.

　가짜 유통은 물품의 표준화나 세계화에 큰 걸림돌이 될 것이 분명한데, 포졸 10명이 도둑 한 사람 못 지킨다고 하듯이 정부도 어쩔 도리가 없는 듯했다.

　오로지 규정제품 생산자들만이 자구책으로 가짜와 구별하기 위한 온갖 아이디어를 짜내어 자사(自社) 제품을 외양적으로 차별화하여 보호하는 작업에 상당한 재원을 투자하고 있었다.

중국인 그들은

하늘을 원망하지 않는 농민

초여름 밤 끊이지 않고 울어대는 두견새만이 산촌(山村)의 적막하고 고즈넉함을 몰아내고 있다. 달도 이제 지쳐 뿌연 빛을 내뱉는 새벽녘이면 두견도 이제 지쳤는지 쉰 소리로 메마른 하얀 침을 어렵사리 토해낸다.

이곳 반산(盤山)은 북경 동북쪽 100여km 거리에 위치한 높지 않은 산(890m)이나 아기자기한 계곡과 달(月)을 걸어놓은 봉우리라는 뜻의 아름다운 꽈위에펑(挂月峰)이 있는 곳이다.

청나라 건륭황제(60년간 제위)가 휴양 차 30차례 가까이 찾아왔다고 해서 이곳 사람들간에 자부심으로 회자되고 있다. 건륭황제가 이렇게 여러 차례 찾은 것은 당시 성행했던 불교세력을 정치적으로 이용하기 위한 배려였다고도 했다.

이 산 사람들은 남쪽 양지바른 산자락에서 밤, 감, 배, 호두 등 주로 과수를 소득으로 삼아 살아가고 있다.

당시 이 산에는 당·송·원·명·청 시대의 사찰(72개)이 산재해 있었다하나, 지금은 흔적이라고는 대부분 주춧돌 몇 개만 남아 나뒹구는 것이 고작이었다.

각 시대마다 집권자들의 친교정책에 따라 명암이 극명하게 엇갈린 이곳은 당나라 때 사찰이 들어서기 시작했지만 어느새 도교세력이 성행하면서 이 세력이 사찰을 점거하여 불교 세력을 몰아내고 도교색깔을 입힌 세월이 있는가 하면 다시 불교세력이 득세하여 도교세력을 축출하는 악순환이 반복되면서, 오랜 세월 수난을 당하다가 일제시대에는 중국해방군이 이곳에 숨어들자 일본군이 이들을 제압하기 위해 모든 사찰을 불태웠다고 전한다.

6월말 벌써 수은주가 35℃를 계속 오르내리고 있는데도, 이곳은 한 달 넘게 비가 오지 않고 있었다. 메마른 산등성이의 작은 식물들은 고사 직전에 있었고 과수나무들도 수분이 부족하여 열매의 성장이 멈춘 상태였다.

이곳 한 노인은 지난 60년대 초 대단했던 가뭄 이래 이런 가뭄은 처음이라고 말한다. 그러나 어느 누구도 이렇게 가뭄이 지속되는데도 걱정하는 말이나 근심하는 얼굴빛은 조금도 없었다.

내가 이방인이라서 그런가? 외국인 앞에서 그런 말이나 표정을 보이는 것이 자존심이 상해서 그런 것일까? 아니면 지난 30여 년 동안 시행되어 온 공동생산, 공동분배로 몸에 밴 어떤 타성일까? 아니면 지난 50년간의 공산통치가 가져다 준 어떤 심리적 압박감에 연유한 것일까? 그것도 아니면 대륙적 기질인가? 이들이 이렇게 낙천적인 민족이란 말인가?

오히려 내가 먼저 "언제 비가 와서 이 가뭄이 해갈될지…"하고 걱정하면, 이들은 웃는 얼굴로 "내일도 비는 오지 않을 것이며 상당 기간 비가 오지 않을 것 같다"고 아무렇지도 않다는 듯이 말한다. 마치 비가 오지 않기를 바라기라도 하는 것처럼….

이들의 무심한 태도에 대해 나는 점점 궁금해지기 시작했다. 벌써 며칠째 이런저런 질문을 해 보았으나, 여전히 웃는 얼굴로 전혀 동요(이전과 다른 반응)를 보이지 않는다. 종국에는 이들한테서 그 해답이 될만한(만족스런 해답은 아니었지만) 말 한 마디를 들을 수 있었다.

그것은 "사람의 힘으로 어찌할 수 없는 일을 걱정해서 뭘 하는가?"였다. 나는 이 말을 듣는 순간 튜브에 바람이 빠지듯 힘이 빠지는 허탈감을 느껴야 했다.

왜냐하면 그동안 나는 이 정황에 대한 거창한 해답을 찾게 되기를 기대했었다. 거창하지는 않더라도 무슨 오묘하거나 신비한 사연이 있을 것으로 추측했다. 내가 괜히 주제넘게 걱정을 했을 뿐이라는 것이 명백해지는 시점이었다.

이들은 그간 나의 언행을 참 이상하다고 느꼈을 것 같다. 도무지 내가 그들을 이해 못한 만큼이나 그들도 나를 이해 못 했을 것이다.

인간이 자연 앞에서 얼마나 나약한 존재인가를 솔직하게 보여주지 못한 이들에게서 인간미가 없어 보이기까지 했으나, 달리 생각하면 '인간으로써 어쩔 수 없다'는 그들의 말에는 이미 인간의 나약함이 함축되어 있지 않은가?

중국인들은 고래(古來)로 하늘(天)을 '인간 세상을 지배하는 절대자'로 믿어왔는데, 어떻게 반기(叛旗)를 들 수 있겠는가? '하늘을 원망함'은 소극적이기는 하나 절대자(天子)에게 반기를 드는 행위가 아닌가? 농민들은 이렇게 '하늘을 원망하는 말'을 하지 않음으로써 인간의 나약함을 자연스럽게 인정하고 하늘에 순응하며 살고 있었다.

78년 개혁개방과 함께 최초로 안훼이성(安徽省)의 한 농촌에서 자체적으로 시작된 개인 혹은 집단 책임영농제도(耕地承包)는 그간 사회주의 공동생산 방식보다 현저한 증산효과가 있음을 증명해 주었다. 이 제도는 80년 등소평의 지지발언으로 힘을 얻게 되어 20년간 농촌에서 행정에다 경영까지 담당해온 인민공사(人民公社)의 간판을 내리게 하고 전국적으로 확산되어 갔다. 책임영농제도가 81년도부터 본격 시행되면서 양식 부족상태에서 해방되었지만, 이제 농민은 점차 상대적인 빈곤에 빠져들고 있었다.

자녀를 교육시키는 문제는 중요하다고 인정하면서도 자녀들을 중등교육 이상 받게 해 보겠다는 생각을 가진 사람은 그리 많지 않았다. 98년도 통계에 의하면 농촌 인구 1인당 연평균소득이 2,160위안(元), 4인 가족 기준으로 약 8천위안, 우리 돈으로 100만원이 남짓한 액수다.

그런데 중·고등학생 1인당 1년간 총 경비는 4~5천위안이 든다고 하니, 한 명의 자녀도 중학교에 보내기 힘들다는 말은 빈말이 아니며 더구나 대학교는 이 비용보다 최소한 2~3배 더 든다고 하니 농촌에서 자녀를 대학에 보낸다는 것은 특수한 경우가 아니면 아직까지는 상상도 할 수 없는 일이다. 이것이 전체 인구의 80%에 가까운 중국 농민의 현실이다.

중국인 그들은

자신의 일이 아니면 수수방관

대도시·중소도시 할 것 없이 어느 곳을 가던지 사람들이 넘쳐난다. 어느 대로변에 사람들이 40~50명쯤 빙 둘러 서 있다.

무슨 큰일이 났나 싶어 사람들 사이를 비집고 보면 동네 아저씨 둘이서 장기나 바둑을 두고 있다. 이렇게 싱거울데가…. 그러나 훈수하는 사람없이 조용히 관람만 한다. 가끔은 친한 사이인지 관전자끼리 귓속말을 하는 사람이 있기는 하다.

또 이따금 목격되는 광경은 100명은 넘어보이는 사람들이 더 자세히 보겠다고 목을 빼고, 까치발을 들고 법석을 떤다. 호기심에 가서보면 자동차 접촉사고 아니면 싸움을 구경하고 있는 사람들이다.

이 많은 사람 중에는 싸움을 말리려고 나선다거나 그런 기색을 보이는 사람조차 없다. 그저 심심하던 참에 재미있는 구경거리 생겼다는 표정 외에는….

정말 중국인들은 남의 일에 간섭하려 들지 않는 민족인것 같다. 우리 속담에 '모난 돌이 정 맞는다'는 말처럼 중국에는 문화혁명기를 거치면서 '총은 머리를 내미는 새를 쏜다(槍打出頭鳥)'는 말이 회자되었다 하는데, 아직도 이 말은 권력이 있는 자나 지식인, 소시민할 것 없이 항상 염두에 둬야할 아주 중요한 보신(保身) 수단으로 인식하고 있다고 한다.

〈나무 그늘 밑에서 마작을 하고 있는 노인들〉

시안(西安)에서 쿤밍(昆明)까지 이동할 때 열차 안에서 생긴 일이다. 밤 12시가 조금 지나 도착한 청두(成都)에서 모회사에 근무한다는 5명의 중국인들이 승차하여 침대칸으로 들어왔다(물론 잠이 들어 있었으므로 모두 나중에 안 일이지만). 나는 소란스런 소리에 잠에서 깨었는데, 정황으로 보아 이들이 승차한 시간은 5분이 채 지나지 않았다고 생각되었다. 더구나 전송 나온 동료들까지 차에 올라와 그 소란스러움은 극에 달하고 있었다.

그들은 어느 합작회사에서 근무하는 간부들로서 쿤밍(이곳에서는 당시 '세계 원예 박람회'가 열리고 있었다)으로 출장 가는 중인데, 침대가 필요하다고 승무원에게 얘기했다.

승무원은 이들의 요구에 너무 소란스러워 귀찮다는 듯이 지금은 비어있는 자리가 두 개 뿐이니 나머지 사람은 좌석칸으로 가서 기다리면 다시 침대를 배정해 주겠다고 말했다. 그러나 이들은 승무원의 말을 못 믿겠다는 듯 침대가 왜 없느냐고, 마치 있는데도 배정해 주지 않는다는 양 재삼 요구하면서 '돈은 얼마든지 내겠다' 는 말까지 덧붙였다.

전송 나온 동료들이 가까스로 하차하고 열차가 출발하자, 이들 5사람은 상·하 관계에 따라 그들 스스로 침대에 남을 2사람을 결정한 듯 했으며 소란이 진정되는 듯 했는데, 이것은 잠시 순간이었다.

침대에 남기로 한 2사람이 좌석 칸으로 가게 된 동료 3사람에게 미안하여 예의를 차리려는 것인지 모르지만, 침대를 배정 받을 때까지 '여기서 기다려라' 한쪽은 '괜찮다' 이번에는 서로 자신들끼리 소란이었다. 승무원은 이때서야 다른 승객들의 수면에 방해가 되니 좌석으로 빨리 이동해 줄 것을 수차 요구하고 나섰다.

이 칸의 승객들은 그들의 소란스러움에 아마 모두 잠에서 깨었을 것이다. 그러나 누구 한 사람 항의하는 사람은 고사하고 불만스런 헛기침하는 사람 하나 없이 고요했다.

사회가 복잡해질수록 이러한 관대함은 부정적 요소들과 쉽게 결합하여 각종 무질서를 파생시키기도 한다.

현대사회는 정말 관대한 마음도 필요하겠지만, 민주 시민의식인 양보하고 배려하는 마음이 더 필요한 것이 아닐까?

첫 등산 때 만난 우씨 노인

국내에서 휴일마다 북한산과 관악산 등을 즐겨 찾았던 필자는 중국생활 반년이 넘게 되자 긴장이 풀리면서 산에 대한 그리움이 싹트기 시작했다. 그러나 이곳 티엔진(天津)에서는 서울 남산만한 야트막한 산이라도 접해 보려면 120㎞ 이상을 이동해야 한다. 시내를 빠져나가 시 외곽에 있는 장거리 버스정류장에서 산이 있는 곳까지 가려면 4시간 이상 소비해야 한다. 왕복 8시간 이상을 길에서 허비해야 하기 때문에 하루 등산코스로는 적합하지 않다.

판산(盤山)을 찾기 위해 기숙사를 나선 때는 10월 중순 어느 토요일(중국은 주 5일 수업이다).

산밑에 도착하여 점심을 먹고 산에 오르기 시작한 시각은 오후 2시가 조금 지나서였다. 이 산은 해발 900m가 채 못되는 높지도 그렇다고 낮지도 않은 등산하기에 적당한 산이다.

〈판산 백탑〉 원나라 때 건립한 탑으로 청나라 건륭황제가 가장 많이 찾은 곳이다.

산밑에서 정상을 바라보니 처음에는 북한산자락 같다는 느낌을 주었다. 등산로를 찾아 오른다면 2시간이면 될 것 같았다. 내려오는 시간은 아무래도 단축할 수 있을 것이니 해가 지기 전에 하산을 끝낼 수 있을 것 같았다.

중국에 있는 산들은 관광지로 개발된 경우라면 대부분 정상 바로 밑에까지 자동차 도로가 개설되어 있는 것이 특징이다.

시간을 단축하려면 등산로를 찾아야 되겠다 싶어 손님을 기다리는 기사에게 등산로가 어디에 있는지를 물으니 걸어서 오를 수 있는 등산로는 없다고 딴전을 피우며 차를 타고 오를 것을 강요한다. 하는 수없이 산허리를 돌면서 꼬불꼬불 나있는 자동차 길을 따라 두 시간 정도 걸었지만 정상은 좀처럼 가까이 다가오지 않았다. 앞서 기사들이 "이 시간에 걸어서 오르면 일몰 전에 하산할 수 없다"며 승차할 것을 채근할 때마다 나는 "등산이면 걸어서 올라야지 차를 타고 가면 무슨 등산이냐"고 대수롭지 않게 이들을 따돌리며 전진했었다.

여담이지만 중국 사람들은 등산(登山)이라는 참 의미를 모르는 듯했다. 사실 먹고 살기 힘든 사람들에게 있어서 등산은 사치이거나 무의미한 일이리라. "먹고 살기 위해 일할 힘도 부치는데, 왜 쓸데없이 힘들여서 산에 오른단 말인가?"라는 식이다.

그래서 대부분 중국 사람들은 산에 오르는 일을 등산이라 하지 않고 산을 기다, 즉 파산(爬山)이라고 하는 것 같다. 이 곳 산 사람들은 약초를 캐기 위해 벼랑을 기고, 나무를 벌목하거나 땔감을 구하기 위해 위험한 비탈을 기어 오르내리는 일을 생존차원에서 감수하다 보니 산을 긴다(爬)는 표현이 적합하다고 생각했던 것 같다.

꾸불꾸불한 차도를 따라 3시간만에 북쪽 능선에 도착해서 바라보니 산 정상은 이제 손에 잡힐 듯 했다. 시간은 오후 5시였지만 짧아진 해는 맞은 편 산허리에 걸려 점점 붉은 기운을 띠어갔다. 그리고 갑자기 찬 광풍이 북쪽 계곡을 타고 세차게 불며 흙먼지를 일으켜 안면을 때리기 시작했다. 10월 중순 북쪽 산간지방의 차갑고 억센 바람은 혼자 오르는 초행 산길을 불안하게 만들었으며 바람이 점차 거세지면서 불길한 예감까지 들게 했다.

이때 산 위쪽에서 커다란 나무상자를 등에 짊어진 아낙네와 중년 남자가 나를 향해 내려오고 있었다. 나는 반가운 마음에 흙모래바람 때문에 이들의 얼굴을 제대로 보지도 못하고 "정상까지는 얼마나 남았느냐"고 묻자, "40분 정도 오르면 되지만 이렇게 늦은 시간에 더구나 날씨도 나쁜데 계속 산을 오르는 것은 무리라며 하산했다가 내일 아침 다시 오르는 편이 좋을 것 같다"고 걱정스럽다는 듯이 말했다. 그렇지 않아도 망설여 지던 참이므로 이내 중년 남자의 권고를 따르기로 했다.

정상을 코앞에 두고 하산한다고 생각하니 미련이 남아 이 부근에 숙소가 있으면 좋겠다 싶어 인근에 숙박시설이 있는지를 물어보았다. 그들은 "없다"는 대답과 동시에 "괜찮다면 자신의 집에서 묵을 수 있다"고 덧붙였다.

이 중년 남자와 산을 내려오면서 몇 마디 나눠보니 등짐을 진 아낙은 자신의 처로서 관광객을 상대로 음료수며 빙과류를 팔고 있는데, 마중하여 같이 내려오는 중이며 집은 이곳에서 10분쯤 내려가면 된다고 했다.

집에 도착해 보니 개량형 벽돌 기와집이 일렬로 세 채가 있었는데, 맨 뒤편에 위치한 집으로 나를 안내했다. 이 집은 부모가 기거하고 있었으며 다른 한 채는 남동생 부부가 사는 집이었다.

아들의 설명에 나를 반갑게 맞는 노부부는 겉보기에 70세가 훨씬 넘어 보였으나 알고 보니 모두 60대 중반이었다. 우(于)씨 성을 가진 초로(初老)의 할아버지는 이 산 안전요원으로 근무하고 있다고 했는데 주임무는 산불예방이라고 했다.

처음 거실로 안내되자마자 우노인은 따끈한 세수물을 들고 들어

왔으며 내 등 뒤에서 수건을 바쳐들고 내가 손을 씻고 있는 동안 서 있었다. 내가 너무 황송하다는 표정을 짓자, 집에서 처럼 편안하게 하룻밤을 지내고 내일 아침에 자신도 산 정상에 있는 근무지에 나가야 하니 같이 산에 오르자고 한다.

저녁은 이미 준비된 대로 자신들이 평소에 먹는 대로 같이 먹자며 주먹만한 만두, 좁쌀죽, 전병, 양파 등으로 식탁을 꾸미고 있었으며 맥주 몇 병도 내놓았다.

저녁식사 후 이들 가족과 이런저런 얘기를 나누다 잠자리에 들게 되었는데, 중국 고전 소설에서나 본 기억이 있는 손님에 대한 주인의 지극·정성스런 접대에 다시 한 번 감탄하게 되었다.

밤 10시쯤 되자 우노인은 거실 안쪽에 또 하나의 방이 있었는데 그곳으로 나를 안내하더니 또 따끈한 물을 세수대야에 바쳐들고 들어와서는 이번에는 발 씻을 물이라고 했다.

부친같은 연장자가 아무리 손님이라고 하지만 아들같은 젊은이에게 잠자리에 들기 전 발 씻을 물을 대령(?)하고 수건을 바쳐들고 서 있다면 한국인 정서로는 너무 황송하여 몸둘 바를 모르는 것은 당연한 일일 것이다. 그러나 노인은 내 이런 모습에 손님에 대한 이같은 대접은 전통적으로 내려온 이곳 풍습이므로 자연스러운 일이니 너무 신경쓰지 말고 편안한 마음으로 자신의 시중을 받도록 하라고 했다.

나는 아침에 일어나서 다시 이같은 황송한 대접을 받기가 내심 부담이 되어 일어나자 마자 마당 한쪽에 있는 수돗물을 받아 세수를 하려고 수도꼭지를 틀었다. 순간 이번에는 부엌에서 아침 준비를 하고 있던 할머니가 나와 더운물을 쓰라고 하였다. "괜찮다"고 하자 바로 부엌으로 들어가 바가지로 더운물을 떠다 부어 주는 등 한바탕 법석을 떠는 바람에 우노인이 거실에서 뛰쳐나와 세수물을 거실로 대령해야 했는데 아침에는 한발 늦었다는 표정으로 수건을 양손에 바쳐서 건네준다.

  도시에서는 보기 힘든 일이지만 아직도 시골에 가면 그런 풍습이 남아있다.

중국인 그들은

먹고 마시고 버리고

중국인들의 생활에서 먹고 마시는 것만큼 일반화되고 정형화된 모습을 보이는 부분이 또 있을까 싶을 정도다. 북방은 만두, 남방은 쌀밥으로 대별되듯이 지역·민족별로 특징을 가지고 있으나 삶고·볶고·찌고·데치고·튀기고·끓이고 하는 그 다양성과 풍성함은 지역마다 공통적인 것 같다.

손님접대를 집에서 하든, 식당에서 하든 탕을 제외하고 손님 한 사람 마다 두 접시 이상의 음식을 만들거나 시켜야 기본이며 이것이 예의라고 생각하는 사람들이다.

좀 과장해서 그 양으로 보면 한 접시의 음식만으로도 두 사람이 먹을 수 있는 양이 되니 만약 세 사람이 함께 음식을 먹게 된다면 최소한 여섯 접시의 음식에다 한가지 이상의 탕을 먹게 되는데 초대한 사람은 손님이 음식을 실컷 먹고도 최소한 절반 이상이 남아야 만족한 접대가 되었다고 생각한다(요즘은 이런 행위에 자성의 소리도 있다).

신장지역 유목민들의 손님 접대는 남다르다는 것도 이를 반영한다. 주인은 손님에게 양고기와 술을 최대한 권하여 다음 날 아침 손님이 자고 일어난 자리에 양고기와 술이 섞인 퀴퀴한 냄새가 온통 베어 있어야 잘 접대했다고 만족해하며 즐거운 마음으로 이 오물을 치운다하니 이들의 먹고 마시는 문화는 좀더 각별하다.

열차를 타고 가다 보면(특히 동남부와 중부를 종횡으로 달리는 열차) 하루종일 닭고기·돼지고기·만두·빵·라면·맥주·백주(白酒)·각종 과일과 씨앗 등을 계속해서 먹는다.

마치 장거리 이동의 지루함을 먹는 것으로 달래기라도 하려는 것 같다. 그리고 한편으로 먹으면서 작은 쓰레기는 바닥에 마구 버려대고 큰 쓰레기(각종 술병, 빈 도시락과 컵 라면 용기 등)는 창 밖으로 내던진다.

어떤 사람은 열차가 달리던 정지해 있던 가리지 않고 내던진다. 칸마다 근무하는 승무원은 시간마다 바닥의 쓰레기를 쓸어대느라 진땀을 흘린다.

나는 한동안 창 밖에서 깨지는 병 소리에 놀랐고 무척 신경이 쓰였으나, 이 소리도 점차 익숙해 지게됨을 알고 스스로 또 한 번 놀랐다.

예쁜 얼굴에 가래침이라니

중국인이 외국인에게 부정적으로 비쳐지는 점 중에 하나는 '주변을 의식하지 않는다'는 점이다. 이들은 이것을 문화적 차이에서 오는 아주 자연스런 일쯤으로 생각할는지 모른다. 또는 자연스러운 것은 아니라고 하더라도 서로 묵인해 오다가 무의식중에 생활화되어 고치기 힘든 고질병쯤으로 어쩔 수 없다고 여기는 지도 모른다.

그러나 이제는 이들도 이런 부정적 의식구조를 바꿔보려고 여러 방면에서 또 여러 가지 방법으로 시도하고 있었지만, 너무나 지키지 않는 사람들이 많기 때문에 답보상태인 것 같다.

어느 도시에서는 역 대합실 안팎에 타구를 설치해 놓았다. 사람들은 이곳에서는 벌금을 내는 것이 두려워서인지 침을 함부로 뱉지 않았으나, 여기서 조금만 벗어나면 여전히 습관대로 행동했다.

열차나 버스에서 가장 곤혹스러운 일 중에 하나는 가래침을 앉은 자리에서 뱉어대는 점이다. 이런 행동을 보고 있노라면 정말 구역질이 날 정도였다. 그러나 동석해 있는 서구인들은 이곳에 오기 전에 사전지식을 얻어서 미리 체념했는지 오히려 아무렇지 않다는 표정이어서 의외였다.

일반 서민들의 집에 가보면, 자신들이 침실 및 거실로 사용하고 있는 바닥에 그대로 담배꽁초를 버리고 역시 가래침을 뱉는다. 재떨이를 찾고 있으면, '나중에 쓸면 되는데 무엇이 걱정이냐'고 한다.

문명국에서 온 사람이라면 여기서 그만 중국(사람)은 더러운 나라(사람)라는 말을 자연히 떠올리게 될 것이다.

화북지방 어느 대도시였다. 외부에서 볼 때 깨끗했을 뿐 아니라, 물건도 비싼 고급 모피 코트를 파는 가게에 들어가 본 적이 있었다. 30대 중반으로 보이는 여주인과 젊은 여종업원이 근무하고 있었다. 이들은 모두 뛰어난 미모에다 교양도 있어 보였다.

20평쯤 되는 매장을 절반 가량 돌아볼 즈음에 이 주인여자는 내 바로 옆에 서서 가래침을 가게 바닥에 뱉고 있었다. 그 소리가 어찌나 큰지 나는 반사적으로 이 여자가 내게 무언(無言)의 화를 내도 이만저만 화를 내는 게 아니구나 싶어 크게 당황하여 얼굴을 보았다. 그러나 이 여자는 여전히 아름다운 얼굴에 미소를 띠고 있었다.

중국인 그들은

상술의 명인 온주 사람들

어떤 가게에 들어가 보면 질이 좋은 물건은 진열하지 않고 깊숙한 곳에 숨겨놓고 손님을 봐가며 내보인다. 이런 경우가 많지는 않았으나 개인이 운영하는 소규모 점포에서 더 그러했다. 마치 맛있는 음식을 나중에 내어놓아 좋은 인상을 심어 보려는 놀부처럼 말이다.

나는 그때마다 '이 사람이 내게 물건을 팔려고 말로만 들어보던 그런 상술을 쓰고 있구나' 하고 다소 거부감 같은 것을 느꼈지만, 나중에 생각해보면 나도 대부분의 경우 이들이 원하는 대로 움직이곤 했다. 이들은 진열된 것과 교묘하게 시각적, 심리적 비교우위를 만든다.

이런 상술은 특히 절강성 온주(溫州)지방 상인들의 전통적 상혼(商魂)이라고 했는데, 어떤 사람은 도난을 우려한 자구책이라고도 했고, 또 다른 사람은 세금을 덜 내기 위한 수단이라고도 했다. 내가 보기에 이것은 고도의 상술로서 세금문제와도 관계 있는 것 같았다.

중국은 아직 인정과세제도가 보편적이어서 세무서 직원이 불시에 가게를 둘러 볼 것에 항상 대비해야 하는 것이다. 그래서 조잡한 상품을 진열해 놓음으로써 "우리 가게에는 값나가는 비싼 물건이 없다, 장사가 도대체 되지 않는다"는 이미지를 심음으로 인정에 호소, 세금을 덜 내기 위한 수단으로 이용하고 있다는 설명이었다.

특히 온주지역 상인들은 이와 같은 방법으로 장사를 하는데 천재성을 보이고 있다고 했다. 이 온주 출신 상인들이 전국각지에 퍼져 각지의 재래시장 상권을 석권하고 있다고 알려져 있는데, 온주 상인이 다른 지역으로 이주하여 장사를 하게 되면 그가 취급하는 상품 영역은 3년 안에 그들의 손에 넘어가게 된다는 말도 있다.

이렇다보니 근래는 다른 지역 출신 상인들이 온주로 가서 가게를 열어 이 지방 상인들과 교류하면서 상술도 배우고 그 지역 실정을 익힌 다음 다시 다른 지역으로 가서 온주 상인의 상권세력에 편입하여 이들과 같은 상혼을 발휘하는 사람들도 적지 않다고 한다.

중국인 그들은

외국인은 봉

    상인들은 외국인에게 값을 높게 부르거나 저울을 속이는 것이 일반화되어 있는 듯했다. 공공요금 이중가격제도를 폐지한지 1년이 지난 지금도 숙박요금 등을 내국인에 비해 2배정도 비싸게 요구하는 곳이 있으니, 소시민인 상인이 외국인에게 물건을 좀 비싸게 팔았대서 무슨 잘못이 있을까 하는것 같았다.

    여행지에서 과일을 가끔 샀는데 외국인같이 보였을 때는 저울을 속이거나 값을 두 배정도 비싸게 부르곤 했다. 이를 눈치채고 언짢아하면 옆에 있던 동료상인들까지 나서서 거들기를 '당신들은 우리보다 소득이 몇 배 더 높으니 응당 그만한 비용쯤은 지불하는 것이 당연하다' 고 했다.

    언제인가 수업시간에 이 문제가 거론된 적이 있었는데 교수도 내국인과 외국인을 구별해서 공공요금을 책정하는 정책에 대해 옹호

하고 있었다. 그 교수의 논리도 시장에서 장사하는 상인의 말과 아주 똑같았다. 하지만 저울을 속이는 행위는 명백한 잘못이라고 했다.

지난 해 신장자치구 투루판(吐魯蕃)에 있는 어느 호텔에서 숙박 등기를 하던 종업원이 내 여권을 본 뒤 두 배의 숙박요금을 지불할 것을 요구했다. 내가 다른 곳을 찾아보겠다며 발길을 돌리려 하자 그 종업원은 책임자에게 연락하여 허락을 받은 후에야 내국인 가격으로 해주겠다고 생색을 냈다.

항저우(杭州)는 외국인이 많이 찾는 대표적인 관광명소로써 요즘은 시정부가 나서서 이미지 관리를 잘하고 있는 것으로 알고 있는데 개인업소에서는 아직도 외국인 차별화가 여전한 것 같았다.

항저우시내 오산도거리에 있는 과일가게에서 롱옌(龍眼)이라는 열대과일을 한 근 살 때였다. 가게주인은 이 과일을 비닐주머니에 담아 가게 안쪽에 있는 전자저울에 달아보더니 양이 많다며 몇 개를 꺼내놓고 건네 주었다. 보기에 너무 적다는 표정을 하니 직접 달아보라고 한다.

이 주인은 설마 확인해 보리라고는 생각하지 않은 모양이었다. 실제로 달아보니 380g으로 120g이 부족했다. 상황이 이런데도 주인은 미안하다는 표정도 없이 덜어 놓았던 것을 다시 집어넣으며 정확하게 500g을 맞추고 있었다.

이와 같은 일로 가장 이해하기 힘들었던 경우는 길림성 도문역에서였다. 이 역에서 운영하는 짐 보관소에 배낭을 맡긴 후 두만강 등지를 둘러보고 배낭을 찾을 때 보관료는 2위안이었다. 1박 후 다시 같은 장소에 똑같은 배낭을 맡기고 오후에 찾을 때는 5위안을 요구했다. 어제는 2위안이었는데 오늘은 왜 5위안이냐며 영수증에도 2위안으로 기재되어 있지 않느냐고 이의를 제기하니 4위안만 내라고 한다. 물론 오늘 이 근무자는 어제의 그 사람이 아니었다.

 여행하다보면 도처에서 이런저런 어이없는 일이 자주 발생한다. 그 나라 소득수준에 따라 물건값이나 요금을 지불해야 한다는 논리는 아무리 생각해봐도 수긍하기 힘들었다.

중국인 그들은

다층 심리구조 그 접근방법

외양적인 허식

장거리 노선버스 안내양은 옷이 후줄근한 근로자, 시커멓게 때가 낀 무명자루를 맨 막 노동자들이 버스에 오르면 다른 승객들이 민망할 정도로 야단을 친다. 그렇다고 요금을 깎아주는 것도 아니고 다른 사람과 똑같이 돈을 내고 가는데도 타기가 무섭게 '빨리 올라 타라, 이쪽에 앉아가라, 짐은 저쪽에 놓아라' 고 거침없이 화를 내듯이 다그친다. 그러나 이들은 이런 구박이 생활화 되었는지 멋쩍은 웃음을 띠고는 시키는 대로 아무 불평 없이 이행한다.

하지만 깔끔한 차림의 승객이 오르면 안내양은 금방 변하여 친절하게 군다. 자리도 앉고 싶은 자리에 앉아가도록 하며 짐도 적당한 곳에 놓도록 배려한다.

이렇게 생활근간에서부터 차별을 당하다보니 신용이나 의리는 접어두고 오로지 돈을 벌기 위해 수단방법을 가리지 않는 중국인으로 비쳐지고 있는지 모른다. 그리고 될 수 있으면 겉치레라도 하여 이런 수모를 당하지 않으려고 안간힘을 쓰는지도 모른다.

내면적인 격식

그렇다고 중국인이 외양만 중시하는 것은 아니다. 이른바 문화수평(文化水平)이라며 학력과 교양을 중시한다. 물론 학력이 높다면 재력과도 관련있는 문제지만, 교양있는 말 한 마디에 상대방을 다시 본다.

한자가 워낙 어려워 평생 부단히 쓰고 읽지 않으면 쉽게 잃어버리는 때문인지 외국인이 어렵지 않은 한자성어라도 섞어 말하면 무척 놀라워한다.

얼마 전에 우연히 '문화수평'이 높은 60대 초반의 부부를 알게 되었는데, 이 부부는 모두 북경에서 어느 외국어대학을 나와 유명 회사에서 근무하다 최근에 은퇴한 사람들이었다. 나는 이들을 알게된지 얼마 되지 않아 이 부부가 사는 아파트에 가보게 되었는데, 그동안 보아왔던 일반 서민들의 가정과는 사뭇 달랐다.

우선 깨끗하고 호화롭게 꾸민 거실, 고급 가죽 소파세트에 일제 오디오세트, 서구형 주방세트, 특히 눈에 띄는 것은 우스운 얘기지만 식기세척제였다(그간 여행지에서 느껴왔던 '중국 사람들은 언제 식기를 청결하게 닦는 날이 올 것인가' 하는 문제가 내 머리에서 떠난 적이 없었다). 하지만 조리기구만은 어쩔 수 없는지 서구형 주방세트와는 잘 어울리지 않는 커다랗고 시커멓게 그을린 중국제였다. 그리고 진열장에 진열된 각종 골동품은 송·명·청나라 시대의 각종 도자기와 이름 모를 각종 고풍스런 소품들로 장식되어 있었다.

이 부부와 대화하던 중에 칭찬의 말을 듣게되면 '감당할 수 없습니다'(不敢當)를 연발하여 외국인으로서 연장자에게 최대한 겸손함을 표시하려고 애썼다. 그래야 중국인들과 대화가 된다. "아니 뭐, 그렇습니까?" 정도로 말한다면 특별한 이해관계가 아닐 경우 다시 만나려고 하지도 않을 것이다.

하루는 차를 마시며 이런 저런 얘기를 하다가 실수를 하게 되었다.

다행히 이들이 내가 예의를 지키는 사람이라고 생각해서인지 그 실수를 지적해 주었다. 사소한 것이었지만, 이런 실수를 지적해 주지 않고 서운한 생각을 갖고 헤어졌다면, 아마 다시 대화할 상대로 기억하지 않았다거나 최소한 꺼리는 대상으로 생각했을 것이다.

문제가 되었던 말은 너무나 기초적인 것이어서 여기서 소개하는 것도 우스운 일이나, 소위 문화수평이 높다는 중국인들이 얼마나 격식을 중시하는지, 특히 이 부부의 이런 지적이 중국어를 배우는 입장에서 정말 고맙다는 생각에서 옮겨본다.

이들과 대화에서 호칭으로 아주머니, 아저씨, 할아버지, 할머니라고 부르는 것은 이 부부에게 어울리지 않고 어색하기도 하여 적당한 존칭도 생각나지 않아, 니(你:당신)의 존칭으로 닌(您)을 사용했다. 물론 이 말은 무난한 존칭이다.

그런데 '당신들' 하고 복수로 말해야하는 대목에서 적당한 존칭의 말이 떠오르지 않아 니먼(你們)이라고 했다(您們이라는 말은 사용하지 않는다). 즉 '你們~' 이라고 말하고는 덧붙일 존칭이 생각나지 않아 그대로 말을 이어갔는데, 이 말이 다소 거슬렸던 모양이었다.

말이 끝나자, 남자 쪽에서 김선생은 앞으로 더 많은 중국 사람들과 교제를 해야할테니 사소한 것 같지만 조금 전에 한 말을 교정해주겠다고 서두를 꺼냈다. 그리고 우리 부부에 대한 호칭으로 你們(당신들)이라 했는데, 이 말은 상대방이 듣기에 따라 불쾌할 수 있으니 정중한 자리라면 동년배 혹은 연하의 상대방에게도 정중하게 말하는 습관을 들이는 것이 좋다며 你們兩位(당신들 두 분)라고 쓸 것을 당부했다.

순간 당혹감도 있었지만, 말을 하면서도 적절한 표현이 생각나지 않아 그렇게 말한 것이므로 쉽게 이들의 교정을 받아들이고는, 곧바로 '많은 가르침을 부탁한다'는 말도 잊지 않았다. 이들은 이렇게 공자의 후예답게 격식을 중시하는 사람들이었다.

사업관계에서도 시장판에서 난무하는 그런 언어가 아니라 정중하고 예의 바른 말로 하나 하나 꼼꼼히 따지면서 서두르지 않고 접근한다면 아무리 돈을 벌기 위해 수단방법을 가리지 않는 사람들 일지라도 상대방을 다시 한 번 생각하게 될 것이다.

장기적인 신뢰관계

어느 사회든지 상호 신뢰관계를 유지하는 것만큼 중요한 일도 없다고 본다. 중국인들이 아무리 배금주의(拜金主義) 의식이 강하다고 하지만 내면을 들여다보면 이들만큼 의리나 신의를 중시하는 사람들도 없다고 여겨진다.

쉽게 속을 내보이지 않지만 상대방을 믿었을 때는 이들보다 더 아낌없이 베푸는 사람들도 드물 것 같다는 생각을 해보았다.

나는 3년 동안에 평범한 산간마을에 있는 한 농부의 집을 10여 차례 방문하여 많게는 한 달 가량, 적게는 하루나 이틀 정도 묵어왔다. 이들을 알고 지낸 후 2년쯤 되던 해에 여행지에서 돌아와 잠깐 휴식을 취한 후 다른 여행지로 떠나려던 전 날 이 집 가족들과 식사를 같이하게 되었다.

다음 날 아침 출발 준비를 하고 있는데 주인남자가 들어오더니 '출발 준비는 다 되었느냐' 고 물으며 '경비가 부족할 것 같으면 우리 집에 저축된 돈이 있으니 빌려가라' 고 말하는 것이 아닌가. 이 말이 너무 의외여서 잘못 들은 것이 아닌가 싶어 다시 물어 보기까지 했다.

생각해보니 전 날 저녁식사 중에 이번 여행경비가 불충분할 것 같다는 말을 한 기억이 났다. 나는 호의에 너무 고맙다는 말과 함께 절약하면 된다는 말을 남기고 이 집을 나섰지만, 이들의 또 다른 세계를 보는 것 같아 많은 생각을 떠오르게 했다.

여행을 마치고 다시 이곳으로 돌아와 귀국 준비를 하고 있을 때였다. 이들은 다시 여행경비도 충분하지 않았을텐데 귀국할 수 있는 경비는 남았는지를 묻고, 우선 자신들의 돈을 빌려쓰고 돌아와서 돌려주면 되지 않느냐고 한다. 내가 언제 다시 돌아올 수 있을지 기약할 수 없다며 고맙다고 사양하자 그들은 '그래도 괜찮다'고까지 했다.

가난한 산간 사람들이 내게 보인 신뢰는 '수박 겉 핥기 식' 혹은 중국 사람들이 흔히 말하는 '귤껍질 냄새 맡기 식'의 이해관계와는 아주 다른 특별한 것으로 훈훈하고 소박한 중국 농민들의 인자한 얼굴이 커다랗게 내 가슴 속에 파고 들어왔다.

중국인 그들은

여종업원의 체념적 숙명론

꾸이린(桂林)에서 난링(南寧)행 열차 표를 구입한 후 점심을 먹기 위해 역전 근처에 있는 홍메이꾸이(紅玫瑰)라는 즉석 간이음식점에 들렀다. 20대 초반의 여자 종업원 5~6명과 남자 종업원 2~3명이 근무하는 비좁지 않으면서 깔끔한 실내공간을 갖춘 곳이었다.

내 모습이 중국인과 별반 다를 게 없다고 생각했는지 이들은 나를 외국인으로 보지 않아 이들과 부담 없이 이런저런 얘기를 간간이 나눌 수 있었다. 여종업원은 모두 키가 150cm전후의 단신으로 중국 남방 특유의 신체조건을 갖춘 작지만 이목구비가 뚜렷하고 하얀 피부를 가진 미인들이었다.

이런저런 얘기 끝에 진(秦)씨 성을 가진 여종업원에게 장래희망이 무엇이냐고 물었더니(좋은 남편을 만나 아들딸 낳고 행복하게 사는 일반사항을 예상한 질문이었다) 자신은 이곳에서 멀지 않은 농촌 지역 출신으로 초등학교만 나왔다고 하며, 운명에 맡겨 그냥 운명대로 살아갈 수밖에 없지 않느냐는 다소 자학적이고 숙명론적인 대답을 했다.

이에 비하면 우리 나라는 다소의 병폐도 있었지만 학벌과 능력위주의 사회가 상당기간 진행되면서 일반 서민들도 각종 시험이나 선거 등을 통해 비약적 신분 상승을 시도해 왔고 어느 정도 이에 도달한 사람들도 많다.

하지만 이들은 아직까지 가난과 무지를 숙명적인 유산으로 간직한 채 살아가는 수준을 탈피하지 못하고 있었다. 자신이 처한 상황에 절망하거나 원망하는 빛은 찾아볼 수 없었으나, 10~20년 내에 자신의 처지가 좋아질 것이라는 희망도 갖지 않았다. 이것은 아마 5천년이 지난 지금도 쟁기를 사용하여 논과 밭을 갈며, 앞으로는 좀 더 나아지리라는 희망도 없이 수 천년 동안이나 이어 내려온 정체된 농경생활의 타성이 이들을 이렇게 만든 것 같다는 생각이 들었다.

그러나 이제는 이들도 농촌지역을 탈출하여 변화의 가속도가 붙고 있는 도시지역으로 진출하고 있다. 몇 천년 동안 변하지 않던 정체의 틀 속에서 불안정한 변화의 축으로 이동하게 된 것이다.

한 개인이 이제 막 불안정한 흔들리는 축에 매달려 어떻게 그리고 어떠한 삶을 살아가느냐에 따라 그 사람의 역사가 좌우된다. 이런 점에서 진 소저의 자조적인 대답은 너무 나약하게 들리긴 했지만 그의 눈에는 이기적이지 않고 착하게 살아가겠다는 소시민의 담담한 생활자세가 깃들어 있었다.

중국인 그들은

난링역 앞 좌판 할머니

　난링(南寧)은 광서장족 자치구의 수도이나 다른 대도시에 비해 낙후되어 있었다. 열차시간이 여유가 있어 전화도 하고 편지도 부칠 겸 우체국을 찾아 보았다. 바로 역 앞 건너편에 우체국이 있었는데, 전화를 한 후 우표를 사려하니 옆코너로 돌아가 보라고 한다.
　이것이 우체국인데 왜 옆 건물로 가라는 것인지 영문을 몰라 하며 문을 나서니 바로 옆 코너에서 바닥에 좌판을 벌여 놓고 몇 가지 간단한 물건을 파는 할머니가 있었다. 이 할머니에게 편지를 부치는 곳이 어디냐고 물으니, 20m쯤 앞쪽에 있는 건물을 가리킨다.
　그 앞에 가서 두리번거려 보았지만 편지를 부칠만한 장소는 없었다. 할 수 없이 편지를 손에 들고 좌판 할머니 쪽으로 되돌아오는데 내 모습을 본 할머니는 내가 걸어오는 쪽으로 몇 걸음 달려오며 바로 그 건물로 들어가 보라고 손짓한다. 내가 그 건물에 들어가지 않은 것은 외부공사도 마무리 되지 않았지만 한창 내부공사 중이었으므로 도저히 우체국으로 보이질 않았기 때문이었다.

　편지를 부치고 나와 그 할머니에게 고맙다는 인사를 하고 물건을 하나 팔아주고 싶어서 좌판을 보니 내가 필요한 것은 일회용 화장지 뿐이었다. 값이 얼마냐고 물으니 지방 사투리가 심해 나는 6마오(毛)로 알아듣고 잔돈을 건네주며 재차 감사하다는 말을 하며 돌아 서려는데, 화장지 값은 3마오 라며 한 손으로 내 손을 잡고 3마오를 다시 쥐어 준다.

　나는 땅바닥에 비닐을 깔고 쪼그리고 앉아 좌판을 벌여 놓은 그 할머니의 깊게 패인 얼굴 주름의 잔상과 자라등 같이 딱딱한 손바닥의 감촉을 여행 중에 두고두고 느끼곤 했다.

　한편 혼란스럽게만 느꼈던 광조우(廣州)를 출발한 열차 안에서 노(盧)씨 성을 가진 중년남자를 만나 심심하지 않게 목적지까지 왔는데, 자신은 이곳 난링에서 전동기 상회를 운영한다고 했다. 도착된 시간은 아침 7시쯤, 노 선생은 자신은 본고장 사람으로서 외지인을 도와야 한다며 차표 예매와 짐 보관까지 거들었다.

　고맙다는 표시로 아침식사를 사겠다고 제의하자, 노 선생은 다시 '당신은 이곳에 온 손님으로 내가 접대하는 것이 옳다' 며 콰이찬팅(快餐廳)으로 안내하여 소고기면(일종의 우동)을 시키고는 값을 벌써 지불하고 있었다. 이 도시는 다른 도시에 비해 외면은 초라했지만 훈훈한 인정은 더 많은 또 하나의 잊지 못 할 도시로 기억되었다.

중국인 그들은

한집에 성이 다른 자녀

중국 인구는 마오쩌둥 시대에 폭발적으로 증가했다. 한국전쟁 때 압록강까지 올라온 연합군을 인해전술로 자기나라 국경에서 격퇴시켰다고 자랑했던 이들은 당시 "인구는 국력이며 인간의 창조력 또한 무한하다"라는 인식아래 거국적으로 출산 붐을 조성했다.

그후 인구문제의 심각성에 직면한 이들은 엄격하게 가족계획을 시행하고 있다. 도시지역 가정은 한족(漢族)일 경우 한 자녀만 허용되며 농촌지역은 두 자녀를 가질 수 있으나 일정한 연령 차이를 두어야 한다. 그리고 전체 인구의 7% 내외인 소수민족의 경우는 두 자녀까지 허용하는 정책을 펴고 있다. 자녀 한 명 갖기 가족계획을 실천한 가정에 대해서는 의료, 진학, 취업에 혜택을 주고 근무단위별 주택 분배에서도 우대 조치가 있다.

반면에 이를 어길 경우에는 과도한 벌금부과로 정책의 실효성을 높이고 있으나 경우에 따라 이를 어기고 벌금을 내지 못할 형편인 사람은 자녀가 태어나자마자 상대적으로 법 집행이 느슨한 농촌이나 산간오지에 있는 친척집에 맡기는 사례까지 빈발하고 있다.

며칠간 민박한 오지의 한 가정에는 초등학교에 다니는 두 아이가 있었는데 성(姓)이 달라 이상하다고 생각하여 주인에게 물으니 답변하기 곤란한 질문인 양 회피했다. 내심 이런저런 가정을 해보았으나 궁금증은 풀리지 않았다.

이튿날 이 의문은 자연히 해소되었다. 이 아이가 내가 이 아이 엄마로 알았던 이 집 여주인에게 따꾸(大姑:고모)라고 호칭하는 데서 이들의 관계를 알 수 있었다.

주인 남자는 자신의 처남이 도시에서 사는데 둘째 자녀를 낳게 되어 벌금 때문에 출산하자마자 이곳으로 데려왔다고 이야기했다. 이와같은 일은 특히 90년대에 빈발했는데 농촌에서는 공공연한 비밀로서 학교나 촌(村) 당국에서도 이해하고 있으며 이웃간에 서로 보호해 주고 있다고 덧붙였다.

이 아이는 지금 초등학교 5학년이니 10년이 넘게 부모와 생이별하여 생활하고 있는 셈이었다.

정부의 인구정책 강화에 따라 호적에 등재하지 못한 아이를 허이하이즈(黑孫子), 즉 한자말대로 풀이하면 '검둥이 아이'가 되니 산아제한에 대한 정부정책의 고심의 흔적과 사회적 인식을 헤아려 볼 수 있겠다.

중국인 그들은

민족 대이동

　개방 이전만 해도 학생들이 외지에 나가 공부하는 것을 제외하고 일반인들이 외지에 나가 일하는 경우는 그렇게 많지 않았을 것이다. 이들이 전통적으로 고향에 대한 애착을 갖고 지연, 학연, 혈연을 중시하는 뿌리깊은 의식은 우리와 다르지 않다.
　국경절(10.1)과 춘절(구정)이라는 양대 명절 이외에 신정(1.1), 원소절(음1.15), 노동절(5.1), 단오절(음5.5), 어린이날(6.1), 당창건일(7.1), 건군일(8.1), 중추절(음8.15), 중양절(음9.9) 등의 기념일이 있다.
　국경절과 춘절의 대이동은 우리의 추석과 구정의 민족 대이동보다 더 혼잡했다. 열차, 버스 할 것 없이 모든 공공교통수단은 발 디딜 틈이 없었다.
　추석은 공식적인 명절이 아니지만 전통은 살아 있어 월병(月餠)

을 먹고 시골에 가면 각종 음식을 장만하여 이웃 친지들과 나누어 먹는 풍습은 아직도 살아 있었다.

국경절과 춘절은 공식적으로 각각 3일간의 공휴일로 지정되어 있지만 보통 일주일 정도는 휴가를 보내는 편이다. 특히 농촌의 경우 구정인 춘절은 원소절(정월대보름)과 연결해 보름을 넘게 먹고 마시며 한편으로는 돌아오는 농사철에 대비하는 풍습이 남아 있었다.

공식적인 3일간의 휴무로는 멀리 고향을 두고있는 사람이라면 고향집에 가는데도 부족한 시간이다. 따라서 휴무기간은 자연히 일주일에서 보름 정도 범위에서 탄력적으로 운용하고 있었다.

여행자라면 이 명절 동안은 아예 이동할 생각을 하지 않는 것이 좋다. 표도 구하기 힘들지만 너무 혼잡할 뿐만 아니라 목적지에 당도해서도 숙소를 구하기 힘들고 바가지요금을 각오해야 하기 때문이다. 이때면 관광지는 내국인만으로도 초만원이다.

아직 중국 농촌 사람들 중 북경의 천안문이나 고궁박물관, 이화원 등을 보는 것을 평생 소원으로 간직하고 있는 사람이 80%이상이라고 한다. 따라서 이 휴무기간을 통해 유명관광지를 둘러보려는 사람들로 북새통을 이루는 것도 당연하다.

중국인 그들말은

식사위생은 영점

위생관념이 뒤떨어진 나라를 여행하고 있다면 가장 신경 쓰이는 것이 식사문제다. 여행기간 중 적당한 영양공급은 필수요소로 입에 맞든 아니든 간에 위생적이어서 우선 배탈이 나지 않아야 필요한 에너지를 확보할 수 있기 때문이다.

개방 초기보다 지금은 상당히 좋아졌다고 하지만 여전히 위생적이지 못한 것이 현실이다. 비용문제도 고려해야 하고 특히 혼자 여행하는 경우 식사할 적당한 곳을 찾기가 그리 쉽지 않다.

대도시에는 비교적 깨끗한 간이음식점도 간혹 있지만 중소도시에 가면 마땅한 음식점을 찾기 위해 거리를 헤매기 일쑤다. 80년대까지도 우리 나라에 관광 온 외국인들이 음식을 먹고 배탈이 나는 등 여행지에서의 곤혹스러움을 하소연한 내용이 심심찮게 기사화되곤 했었음을 상기한다면, 이곳의 경우는 짐작이 되고도 남음이 있을 것이다.

　또한 샹차이(香菜)로 불리는 이름 모를 풀이나 향이 진한 이름 모를 씨앗 등을 어느 음식 조리 때든지 대부분 넣어 만드니 이에 익숙하지 않은 사람은 여기서 벌써 비위가 상하게 마련이다. 하지만 이것도 조금씩 먹다보면 점점 익숙해지지만 불결한 위생만큼은 어찌할 도리가 없다.

　여행지에서 적당한 음식점을 찾는데 고려한 사항은 첫째, 손님이 많은 곳을 택했다. 손님이 많아야 원료 순환이 빠르게 되니 신선도를 유지할 수 있다는 생각에서였다. 하지만 식중독은 때와 장소를 가리지 않는 것 같았다. 대부분 간이음식점에서는 식기를 세척할 때 세척제를 쓰지 않고 물에 한번 헹구어서 사용한다. 식기 닦는 물은 하루종일 갈지 않고 그대로 사용하는지 헹궈내는 식기가 오히려 더 더러워질 형편이다.

　둘째, 즉석에서 끓이는 음식을 택했다. 주방에서 가열해 만드는 음식도 식기 사정이 위와 같으니 문제가 될 것이다. 일반 가정집에 가서도 정말 난처할 때가 많다. 물론 위생에 유의하는 집도 있지만, 중소도시 혹은 농촌에서 민박을 할 경우 주인과 함께 식사를 하면 의도하지 않더라도 자연히 이 집의 주방문화를 보게 되는데 대개의 경우 세척제나 그릇을 씻는 도구가 없다. 식기나 가마솥을 씻을 때 사용하는 소형 빗자루가 전부다. 이 작은 빗자루로 물통에 담은 그릇을 꺼내 한번 휘하고 돌리면 그것으로 끝이다.

　셋째, 외부에서 보았을 때 깨끗한 실내공간을 유지하는 곳을 정했다. 음식을 조리하는 장소는 볼 수 없으나 그래도 음식 먹는 장소가 깨끗하면 주인의 위생 관념을 읽을 수 있기 때문이다. 그러나 이런 곳일 지라도 어쩌다 주방을 보게 되면 엉망인 것은 대동소이하다.

넷째, 한국인이 경영하는 음식점을 찾았다. 우리 기업들이 많이 진출해 있거나 한국인들이 주로 찾는 유명 관광지에는 한국인이 직접 운영하는 위생적인 음식점이 있다. 여행에서 지쳐 있을 때 이런 곳을 찾아 된장찌개·김치찌개·불고기 등을 맛볼 수 있다. 하지만 그곳 지리에 낯선 외지인이라면 이런 음식점을 찾는데 곤란을 겪게 되거나 찾았다 하더라도 상당수는 중국인 주방장을 고용하고 있으므로 한국 음식 고유의 제 맛을 느낄 수 없는 게 흠이다.

중국인 그들은

커서 다시 보자!

"홍펑(洪朋), 너 몇 학년이니?"

"초등학교 3학년."

"너 이다음 커서 무엇이 되고 싶니?" (장난기 어린 천진난만한 웃음을 띠며)

"좀도둑! (小偸)"

"뭐라고? 대도(大盜)도 아니고 무슨 좀도둑이야!"

농담으로 재잘거리는 말이었으나 이 빈곤한 농촌 아이들의 가난한 의식을 반영한 것 같아 나는 한편으로 마음이 무거웠다.

"고연(高娟), 너는?"

아까부터 호기심 어린 까만 눈으로 나를 관찰하던 이 아이는 말하기가 쑥스러운지 몸을 비비꼰다. 생각해 본 것도 없느냐고 선생님 아니면 의사…등의 예를 들어가면서 답변의 길을 터 보려 했으나 모두 '아니다'라고 고개를 흔든다.

"그럼?" 하고 다시 묻자 다소 난처하고 긴장된 표정을 지으며 의외의 대답을 했다.

"커서 다시 보자! 커서 다시 얘기하자!"라는 의미인 "長大了再說!"였다.

중국인들도 우리와 마찬가지로 흔히 언질을 주기 곤란한 부탁이라든가 사업상 난처한 거래에 대해 회피하거나 거부하는 완곡한 표현으로 시간을 정하지 않고 막연히 "후에 다시 보자, 다시 만나 얘기하자!"라고 말하는 것이 보통이다.

그러나 이 아이는 '커서'라고 시간을 한정함으로서 이 말은 내게 묘한 느낌을 주었으며 가슴으로 파고드는 다른 많은 소리가 있었다.

"지금은 나도 알 수 없다, 이런 가난 속에서 무엇이 되겠다고 한들 무슨 소용이 있겠는가, 현실을 생각하면 자존심상 말할 수 없다…" 등의 말로 다가오다가 급기야는 환상이 되어 비천(飛天)하고 있었다.

"고연, 크게 자라되 덩치만 큰 공룡은 되지 말아라."

"그럼 너 공부는 왜 하고, 학교는 왜 다니니?"

"학교가 있으니까 다니고 다른 얘들이 학교에 가니 나 혼자 학교에 가지 않으면 무척 심심할 테니까 다니는 거지. 그리고 공부는 재미 없어서 학교에서만 하지!"

또 다시 이렇게 재잘거리는 얘들은 수업시간에도 건성으로 듣고 숙제도 시늉정도 낼 것 같았다.

  그러나 천진난만한 얼굴, 입은 옷과 행동에서 배어 나오는 가식이 없는 순박함은 우리 나라 농촌의 어린이와 크게 다르지 않다고 생각되었다.

  내가 외국인이라고 하니 모두 호기심 어린 눈망울을 굴리고 있었는데, 두 볼을 중심으로 고르게 앉은 흙먼지로 보송보송하게 보이는 얼굴을 자세히 들여다 보니 감 같기도 하고 감자 같기도 해 지저분하다기보다는 오염되지 않은 황토와 목탄이 어우러져 멋있게 만들어 낸 황토인형 같다는 느낌을 주었다.

중국인 그들은

지식인들의 고뇌

　　일반 백성들은 경제적 지역편중과 함께 권력을 가진 사람들의 지역 불균형도 크게 의식하는 사람들이 많았다. 그리고 지역편중의 원인을 지리적 여건과 정치, 문화적 배경에 따른 역사적 산물로 인식하고 있었다.

　　예컨대 옛날부터 과거를 통해 입신양명한 고위 관료나 심지어 노동자 농민을 기반으로 한 공산당 혁명가 중에 빛을 본 사람들은 거의 모두 허난(河南)인들이라며, 결과적으로 권력이 부(富)의 지역편중에 일익을 담당했다는 것이다.

　　이러한 인식아래 공산화 혁명이후 푸대접을 받아오던 지식인들은 상대적 박탈감에 깊이 빠져, 돌파구를 찾아 본다는 것이 이른바 '샤하이'(下海)라고 한다. 즉 "바다에 빠지다"라는 의미로 돈을 벌기 위해 장사에 나섰다는 뜻이다. 사업(장사)이라는 거센 파도 앞에 "헤엄도 칠 줄 모르는 고지식하고 순진한 지식인이 격랑을 어떻게 헤쳐나갈 수 있을까?"하는 다소 이들을 조롱하는 은유적 표현이다.

개방 후 베이징 어느 대학교수가 학생들을 상대로 교정에서 구두를 닦아주고 푼돈을 벌었다는 말은 옛얘기가 되고 있다. 80년대 중반부터 젊은 교수들 중에는 아예 박봉의 교수직을 그만 두고 돈벌이가 될만한 사업에 뛰어드는 일이 심심찮게 일어났다고 하는데 '샤하이'라는 말도 이때 생겨난 말이란다.

대학생 중에는 가장 선호하는 직업으로 월급이 많은 외국인회사나 인민 앞에 군림할 수 있으며 상납이나 급행료 같은 검은 돈을 챙길 수 있는 관료직을 선택하는 경향이 강했다.

얼마전에 치의예과를 졸업한 여학생이 월급이 적은 병원 근무를 마다하고 감자가루로 라면을 개발하여 돈을 벌겠다며 동업자를 찾기 위해 동분서주하던 모습에서 과도기의 혼돈된 직업관을 읽을 수 있었다.

또 여행을 하다 보면 지방 공안경찰들이 간선도로에 검문소를 설치해 놓고 화물차, 승객초과 버스 등을 세워 통행료나 과태료를 멋대로 징수하는 모습이 자주 목격되는데, 현찰로 받는 이 돈이 얼마나 국고로 들어가는지 아무도 알지 못한다. 대개는 경찰이 착복하는 것으로 짐작하고 있었으며 뇌물사건에 만성이 된 사람들은 그것을 당연한 일로 받아들이는 듯 했다.

우루무치에서 투루판으로 가는 버스 안에서 만난 신장지역 모

(某)신문사 여기자는 기업 탐방 취재를 위해 투루판으로 가고 있었는데 기업 기사를 내주는 대가로 돈을 받고 광고비를 받아 신문사를 운영하고 있다고 했다. 시안(西安)대학 영문과를 나와 이 신문사에서 5년째 근무하고 있다고 자신을 소개한 이 여기자는 자신이 쓴 기업 탐방기사를 내게 자랑삼아 보이게 하려는 속셈인지 타블로이드판 16면인 신문을 건네주며 읽어보라고 했다. 이 신문에는 각종 사업장 탐방기사와 회사, 병원, 호텔, 음식점, 상가 심지어 이·미용실 광고까지 지면을 차지하고 있었다.

이렇게 황금만능 사회에서 택시기사의 수입보다 훨씬 적은 교수들의 봉급과 병원의사들의 월급수준을 생각하면 이 사람들이 모두 배금의식에 눈이 멀었다고 싸잡아 비난할 자격이 있는 사람은 많지 않아 보였다.

특히 '구두통을 맨 교수, 바다로 나간(샤하이) 교수' 들의 지식인으로서의 자살이나 다름없는 학문포기 행위는 단순히 돈(富)을 추구하기 위한 것은 아닐 것이다. 어쩌면 우리가 이해하기 어려운 이들만이 가지고 있는 고뇌의 산물일 것이다.

나이 지긋한 어느 교수가 말한 "감자 깎는 며느리" 얘기가 생각났다. 간단히 소개해 보면 이렇다. 자신들은 문화혁명기에 붉은 머리띠를 두른 제자들로부터 강단에서 농촌으로 쫓겨가 손바닥에 물집이 잡히고 피가 나도록 서툰 삽질을 하며 자살까지 생각할 정도의 수모를 당한 때가 있었는가 하면, 배급제 시절에는 계란 서너 개를 배급받기 위해 한 달을 기다려야 했는데, 혹시 손님이라도 방문할까 봐 계란을 먹지 못하고 아끼다가 모두 썩어 버리면 처가 눈시울을 붉히던 일이 어제 일 같다고 한다. 그런데 요즘 아들 내외가 사는 집에 가보면 낭비가 심해 못마땅하다는 눈치였다.

사소한 것 중에 하나지만 며느리가 어른 주먹만한 감자를 계란 크기 만하게 깎아 요리하는 모습을 보고 있노라면 불과 몇 년 전 고난의 세월이 주마등처럼 생각난다고 했다.

교단을 천직으로 지키며 근검·절약이 몸에 밴 이런 老 교수가 존재하기에 가치혼란의 사회가 그래도 지탱되는 것이 아닌가 생각해 본다.

중국인 그들은

만만디에서 근면 · 성실로

중국의 변화를 말할 때 우리는 항상 78년 개혁 개방을 떠올리곤 한다. 이것이 변화의 중요한 기준점이 되며 그후 괄목할 만한 질·양적 변화를 가져 왔는데, 최근 몇 년간은 매년 10%이상의 높은 경제성장을 지속해 왔다.

몇 년 전만 하더라도 우리가 중국인을 보고 만만디(慢慢的), 한 마디로 '느려터지다' 라고 말하는데 주저하지 않았었다. 내가 93년 관광차 처음 중국에 갔을 때 어느 현지투자 업체의 한국인 간부는 "중국 사람들은 도대체 일시켜 먹기가 힘들다. 임금이 싸다하나 지각·결근을 밥먹듯이 하고 일을 시키는대로 제대로 하지 못해 불량률이 높게 나오는 등 속 태우는 일이 한 두 가지가 아니다. 하루에도 몇 번씩이나 짐 싸 가지고 귀국하고 싶은 심정이다"라고 말하던 기억이 났다.

그러나 요즘은 어떤가 만족할만한 수준은 아니겠지만 이제 최소한 이렇게 말하는 사람은 없다.

한국 사람들이 이제 중국 사람들을 더 많이 이해하게 되어서 그럴까? 반드시 그런 것만은 아닌 것 같았다.

얼마 전에 현지에서 봉제업을 하는 한국 사람을 우연히 만났는데 자신이 데리고 있는 중국 젊은이들이 정말로 근면, 성실하다고 칭찬하고 있었다.

'근면·성실'이라는 단어가 묘한 무게를 싣고 들려왔다. 우리나라 60~70년대 부르짖던 '조국 근대화'라는 구호 아래서 요구되었던 덕목이 바로 '근면·성실·협동' 등으로 생각되었기 때문이었다.

농촌에 가 보면 농민들이 새벽같이 일어나 해가 질 때까지 쉴새없이 일을 한다. 공동생산·공동분배 시대에 이렇게 일하지는 않았을 것이다.

97년 하반기부터 불어닥친 동남아 경제위기의 영향은 중국도 예외가 아니어서 대도시나 관광지에 가 보면 경기가 좋을 때 짓다 중단한 호화 건축물들이 99년 하반기까지도 그대로 방치되어 중세 유령의 성을 연상케 하는 모습으로 여기저기에 서 있었다.

인원감축에 따라 현직에서 내몰린 직원과 공원을 뜻하는 샤깡즈꿍(下崗職工)이 넘치는 세상이고 보면 국영기업이나 공공기관 근로자들이 그동안 누려온 '평생 밥그릇으로서 깨질 염려가 없다'는 티에판완(鐵飯碗)이나 '일을 열심히 하든지 않든지 관계없이 평생 먹을 것은 보장된다'는 츠꿔따판(吃鍋大飯)이라는 말은 일대 위기를 맞고 있는 셈이다.

그러나 아직도 한편으로는 안이한 관행이 여전한 것 같았다. 지난 해 여러 지역을 이동하면서 만났던 국영기업, 공공기관 그리고 일반 기업 근로자들은 사소하다고 생각할 수도 있겠지만 출장 여비를 조작하기 위해 열심이었다. 영수증 금액을 높여 기재하도록 하거나 장거리 버스 영수증을 여분으로 요구하기도 했다.

목하 직장을 잃은 실업자 중에는 가정파탄까지 겹친 사람이 적지 않았으며 일용근로자들은 건설경기 퇴조로 일자리 찾기가 더욱 힘들어져 도시지역 대합실이나 시 외각도로에는 헌 옷가지 등을 담은 때가 낀 면 자루를 어깨에 메고 어디론가 떠나는 사람들이 전에 비해 현저히 증가해 있었다.

또한 겉보기에도 호사스런 백화점·호텔·고층건물 부근과 고급식당 앞에는 고급외제 승용차가 즐비하게 주차되어 극명한 대조를 이루는 모습을 보면 이 나라가 언제 사회주의 국가이었던가? 하는 착각을 하게 만든다.

이런 다층구조는 마치 동일한 시간과 장소에서 다양한 표본(標本)이 채집되는 '회색자연박물관' 같다는 생각이 들기도 한다.

이곳도 지난 97년 말부터 불경기에다 구직 난을 겪다보니 기존 근로자들은 더 열심히 일해야 살아남을 수 있다는 강박감에서 근면·성실한 자세가 됐을 수도 있었겠으나 이들이 변하고 있는 것만은 틀림없었다.

어떤 국가 구성원의 일정한 행동자세가 광범하게 지속될 때 이것은 그 국민 성향으로 정착될 수 있다는 점에서 '만만디'는 이제 '근면·성실하고 부지런한 국민'으로 대체될 날도 머지 않다고 여겨졌다.

중국인 그들은

환경에 대한 인식변화

경제 규모가 날로 커지면서 환경문제는 소득불균형문제와 함께 우선 해결해야 할 중요한 과제로 떠오르고 있다. 이 문제는 어느 나라든지 발전단계에서 한번쯤 겪게 되는 필연적인 과정이 아닌가 싶다. 마치 장을 담그다 보면 자칫 불필요한 구더기가 생기는 이치와 같다.

오염문제에 대한 정부나 일반인들의 시각은 상대적으로 환경의식이 결핍되고 이윤추구 욕구만 강한 이른바 향진기업(鄕鎭企業) 등 중소개인기업 쪽에 책임을 더 두고 있는 듯 했다. 근래 몇 년 사이에는 이들 기업의 증가 속도가 엄청나게 빠르다. 정부의 발표에 따르면 매년 40%씩 늘었다고 한다.

그만큼 수반되는 문제가 많은데도, 지방정부는 지역경제의 외형만을 고려하여 환경문제는 거의 염두에 두지 못하고 있다고 했다.

1980년대 초부터 지방정부는 재정확충을 위해 시·읍·진 단위에 이르기까지 경쟁적으로 이들 기업을 유치해 왔으며 20년이 채 안된 사이에 우후죽순처럼 늘어난 기업들이 오염물질을 아무런 규제를 받지 않고 배출하여 이제 인근토양과 상수원 오염이 심각한 지경에 이르렀다고 모두가 걱정이다.

오염은 대도시 및 그 주변, 동남부 연안지역, 수륙교통이 좋은 중·남부내륙 깊숙한 지방까지 그 범위는 나날이 확산되고 있다. 그래도 비교적 잘 관리되고 있는 도시로는 대련, 상해 등이었고, 산간 오지와 순수 농촌지역은 아직은 괜찮은 편이나 이대로 갈 경우 몇 년 이내에 여러 도시에서 심각한 곤란을 겪을 것 같았다.

마실 물은 광천수로 대체할 수 있다지만(이것도 믿을 것은 못된다.) 공기는 어쩔 도리가 없다. 화력 발전소와 각종 공장 대부분이 석탄을 사용하고 있고 주택난방도 거의 석탄을 이용하다 보니 공장지역이나 주택 밀집지역은 호흡하기조차 힘들다.

대부분의 대도시는 예외 없이 심각했다. 특히 깐수성 수도 란저우(蘭州)는 산으로 둘러쌓인 도시여서 바람이 없고 기압이 낮은 날엔 그 고통은 이루 말할 수 없었다.

일반인들은 2~3년 전만 하더라도 어쩌다 환경에 관한 얘기가 나오면 내정 간섭쯤으로 생각하는지 불쾌한 반응과 함께 께름직하다는 듯이 화제를 바로 다른 곳으로 돌리곤 했다. 그러나 언제부터인가 일반 백성들 사이에서도 오염에 대한 걱정의 소리가 들리기 시작했다.

오염배출 사업장 고발제도를 운영하고 있으며 이와 관련된 라디오 방송프로도 개발되어 지역별로 고발된 내용이 방송을 타고 있기도 하나 실효성은 의문이었다.

그동안 나는 정부정책이 일반 백성에게 어떻게 그렇게 신속하게 전달되어 공론화되는지 신기할 정도였는데, 백성의 입에서 나오는 소리는 사익(私益)과 직결되지 않는 사항이라면 항상 정부의 소리와 일치한 반면 사익과 충돌되는 문제라면 사람들은 노코멘트로 일관하였다.

중앙정부 시책은 13억 인구의 93%를 차지하고 있는 한족을 중심으로 산간 오지마을 까지, 동맥을 타고 모세혈관까지 피가 흐르듯, 그렇게 전달되고 있었다.

그러나 중앙정부의 의지가 전달되었지만 행동으로 옮기는 문제는 별개인 듯 했다. 개인 또는 소속집단의 손익이 따르는 문제라면 공익보다는 사익 혹은 집단이익을 우선하는 이기적 태도를 보였다. 이러한 태도는 이 나라가 안고 있는 환경문제 등 부정적 요인을 제거하거나 완화시키는데 장애요인이 될 것이다.

중앙정부는 96년 비로소 '오염물 배출총량 통제계획'과 '양 세기에 걸친 녹색사업계획'을 제정했는데, 2010년에는 환경이 악화되는 상황을 바꿔 놓겠다는 것이다. 이렇게 뒤늦게나마 갖게된 환경문제에 대한 인식변화는 그 목표달성 여부를 떠나서 우리와 이웃한 나라로서 그나마 다행이 아닐 수 없다.

중국인 그들은

기숙사의 함성

　축구만큼 광범위하게 대중의 사랑을 받는 운동 경기도 없는 것 같다. 물론 예외적인 나라도 있지만, 축구가 그동안 푸대접을 받아 왔던 미국에서조차 이제 많은 관심을 보이는 것을 보면 축구는 가히 지구촌에서 가장 많은 관중을 확보하고 있는 경기종목이 아닌가 싶다.
　지금 중국의 축구 열기는 국가대표 선수의 실력에 관계없이 남녀노소를 불문하고 가히 전국적이다. 특히 젊은 층은 더 열광적이다.
　어쩌다 다른 나라 대표선수와 경기가 있는 날이면 대학기숙사에서는 축구경기장을 방불케 하는 함성이 터져 나온다. 대개 이런 경기는 초저녁에 있게 되는데, 닭장같이 비좁은 기숙사 방마다 10여 명씩 TV앞에 모여 경기를 관전한다. 대학생들은 90%이상이 기숙사생활을 하므로 웬만한 큰대학이라면 수천 명이 기숙사 안에서 경기를 지켜보고 있는 셈이 된다.

아마 이때는 축구경기장 입장객 수보다도 어느 대학 기숙사 내 TV 앞에서 경기를 지켜보는 학생이 더 많을 수도 있겠다.

한국 대 중국 국가대표 축구팀간에 경기가 있는 날이면 결과에 관계없이 그 열광은 대단하다. 경기가 있기 직전 결과를 어떻게 예상하느냐는 질문에는 한국축구가 여전히 한 수 위임을 인정하면서 몇 점 차로 지느냐에 더 관심이 있는 듯 했다.

이는 우리나라 사람들이 우리대표 선수와 한 수 위인 외국 팀과의 경기를 관전한 후 이길 수도 있었던 경기였다고 아쉬워하며 승패에 연연하는 모습과는 사뭇 달랐다. 그만큼 한국인은 중국인보다 승부 욕에서 강한 지도 모른다.

중국 여자 대표팀이 얼마 전에 여자 월드컵축구대회에서 미국에 이어 2위를 한 결과를 놓고 사람들은 물론 우스갯소리였으나, 재미있는 말을 했다. 중국 여자들은 과거 50년간 남녀평등이라는 기치 아래 상대적으로 기가 살아났으나 이와 반대로 남자들은 기가 죽었단다. 일리 있는 것 같기도 했다.

여성인력을 근로현장에 동원하기 위한 남녀평등은 실제로 여성을 가사 일에서 해방시킨 반면 남성들은 자신들이 원하던 원하지 않던 가사 일을 분담해야 했다. 상대적으로 자기주장이 강해진 여성은 남녀가 모두 근로현장에서 똑같이 일을 하게 되었으니, 상대적으로 힘이 센 남자가 가사 일을 더 많이 해야 공평하다고 요구했다.

이렇게 되니 자연히 남자의 기는 죽을 수밖에 없다는 것이다. 아이를 돌보고, 밥짓고, 빨래하는 일은 운동경기에 필요한 신체발달과는 무관하고 강인한 정신이 요구되는 일도 아니니 말이다.

물론 다른 논리도 있다.

그 이유가 어디에 있던, 중국인이 즐겨 쓰는 말 중에서 '승패는 병가지상사(兵家之常事)'라는 격언처럼 영원한 승자도, 영원한 패자도 없는 것이 승부의 세계라 하지 않는가?

전 국민이 이처럼 축구에 대한 열광적인 관심을 보이고 있는 한 중국 축구의 장래는 머지 않아 크게 성장할 것 같다.

중국인 그들은

한국전에 참가한 촌부

허베이(河北)지방 어느 농촌에서 몇 주 동안 묵을 때의 이야기다. 한 소년이 1945년 초 18세의 나이에 군에 입대했다. 이 소년은 농부의 아들로 태어나 초등학교를 졸업하고 농사일을 거들고 있었는데 어느 날 자신의 꿈을 실현할 방법은 군에 지원하는 길밖에 없다고 생각했단다.

그래서 모병소를 찾아갔으나 키가 작아 입대가 불가하다는 판정을 받는다. 그래도 굴하지 않고 다음 날 다시 모친과 함께 모병관을 찾아가 "키는 앞으로 더 클 수도 있다"고 사정하여 "통신병으로 배치 받으면 가능하겠다"는 모병관의 허가 판정을 겨우 얻어 냈다. 이 소년은 통신병으로 배치 받아 어엿한 탱크부대 통신 하사관으로 성장했다.

50년 3월에는 북한으로 파병되어 근무하던 중 한국전쟁이 발발하여 사리원 부근의 전투에 참가한 기억이 있으나 얼마 후에 미군의 공습에 혼비백산하여 대부분 산 속에서 숨어 지내다가 파병 1년 만에 철수했다고 한다.

중국은 당시 북한과의 지리적 관계로 '입술이 없으면 이가 시리다' 라고 참전의 당위성을 찾았듯이 50년 10월 25일 인해전술로 한국전에 정식 개입했다.

격동기 역사의 현장에 있었던 이 소년은 입대 후 25년만에 제대하고 고향으로 돌아와 읍내에서 당 간부생활을 하다가 은퇴하였으나 슬하에 자식이 없어 중풍이 든 처와 단둘이서 외로운 생활을 하고 있었다.

군 하사관 생활 그리고 그후 고향에 돌아와 읍내 당 간부 생활을 할 때 양아들과 양딸을 각각 한 명씩 두었으나, 그야말로 잘나가던 시절의 얘기지 지금은 모두 결혼한 후 분가하여 각자 살고 있다고 말했다.

누가 늙고 병들고 가난한 빛바랜 각종 훈장들만이 곰팡이가 핀 벽을 장식한 과거의 영웅을 부양하려 할 것인가? 친자식도 병들고 능력이 없는 부모를 버리는 세상인데….

반세기가 지난 지금 이웃 사람들은 이 할아버지를 홍쥔(紅軍)할아버지로 부르고 있었다.

일반적으로 중국 사람들은 항일전쟁 종료 후 1946년 인민해방군으로 개칭하기 이전 군입대자를 홍쥔으로 부르고 있다.

엄격히 구분한다면 다소 차이가 있다. 지금의 중국 군대명칭은 물론 인민해방군이라고 하지만 일반 사람들 중에 홍군과 해방군의 구분을 정확하게 할 줄 아는 사람은 드물었다.

본래는 쟝지에스(蔣介石)가 이끌던 국민당군에 맞서서 1927년 8월 주은래(周恩來), 주덕(朱德) 등이 주동이 되어 난창(南昌)에서 농민, 노동자를 주축으로 무장 봉기를 일으킨 사건이 있었는데, 이때 봉기에 가담한 사람들이 노농홍군(勞農紅軍) 즉, 홍군을 조직한 것이다. 그래서 지금도 난창봉기가 있었던 8월 1일이 건군기념일이 되고 있다. 마오쩌뚱도 같은 해 9월 후난(湖南)에서 농민봉기를 일으켰다.

이렇게 홍군은 점점 세력을 확장해 갔지만 당시 힘에서 우위에 있던 국민당군의 토벌에 견디지 못하고 장정(長征)길에 오른다. 1937년 7월 중일전쟁이 발발하자 마오쩌뚱 중심의 공산당은 쟝지에스가 이끄는 국민당과 항일공동전선을 펴기로 한다. 그래서 홍군 주력부대는 국민혁명군 팔로군으로 재편되고 그 외 각지에 산재해 있던 유격부대는 국민혁명군 신사군으로 재편되었다.

항일 전쟁이 종결된 후 1946년 6월 국민당과 공산당간의 내전 재개와 동시에 팔로군과 신사군 소속에 있던 본래의 홍군은 인민해방군으로 개칭되었다. 따라서 이 노인이 45년 3월에 입대했으니 실제로는 팔로군이 아니면 신사군 출신인 셈이다.

혁명후예들의 자존심

 과거 마오쩌뚱(毛澤東) 집권시 구호에 그친 면도 없지 않았으나 백성들은 부분적이지만 절대적 평등을 경험했다. 공산주의 혁명 1세대들은 빵 문제를 근본적으로 해결하지는 못했지만 작은 빵을 공평하게 나누어 주는 문제만큼은 철저했던 것 같다.
 특히 마오쩌뚱과 주은래(周恩來) 등 노동자와 농민을 기반으로 한 혁명 1세대들이 이들과 생사고락을 함께 한 청빈함은 지금도 일반 국민들이 자발적으로 그들을 추앙하는 요소가 되고 있었다.
 요즘 농촌지역에서 사는 사람들을 만나보면 오늘날 부정부패의 만연과 소득불균형에다 환경오염의 심각성을 자각하면서 마오(毛) 시대의 향수를 느끼는 사람들이 적지 않음을 볼 수 있다. 특히 50~60년대 마오(毛) 특유의 미국 무시정책은 주권국가로서의 체통과 면모를 과시한 한 시대의 쾌거로 인식하고 있다.

50년 한국전쟁시 자신들의 군대지원으로 미국에게 패배를 안겨 주었으며, 과거 어느 나라도 미국과의 전쟁에서 승리할 수 없다는 신화를 타파했다고 까지 여기고 있었다. 그리고 지금은 미국의 신패권주의에 대적할 수 있는 유일한 나라가 중국이라고 강변한다.

　이럴 때면 사람들은 어깨를 한번 으슥하며 마치 '트로이전쟁' 의 목마처럼 기세가 있어 보인다. 그리고 인구가 많다고 걱정하면서 의례적으로 자원이 풍부한 나라임을 자랑하기도 한다. 인구비례로 보면 실제로 세계에서 중국이 결코 자원부국이 아닌데도 '한국은 자원빈국' 임을 알고 있어서인지 이들은 스스로 자원부국이라는 말을 자주 강조한다.

[주요 농·공산품 생산량 세계 순위]

산품명	1957년 생산량	순위	1978년 생산량	순위	1997년 생산량	순위
곡물	1631	3	2655	2	4435	1
면화	40	2	22	3	46	1
육류	40	2	86	3	409	1
철강	54	9	319	5	1089	1
석탄	1300	5	6200	3	13700	1
원유	15	23	1041	8	1607	5
전력	·	13	·	7	·	2
시멘트	69	8	652	4	5117	1
비료	1.5	33	87	3	282	1
TV(만대)	·	·	52	8	3637	1

한편 주룽지(朱鎔基) 총리가 99년 일본 방문시 연설에서 자신은 이미 중학교 때 루소의 ≪사회 계약론≫과 ≪인권론≫을 읽어보아 이 책의 내용을 잘 알고 있다고 전제하여 각 나라마다 문화와 역사가 다른데도 중국 인권상황을 거론하는 것은 남의 나라 상황을 이해하지 못해서 나온 처사라고 비난하고, 여기에 셰익스피어의 ≪베니스상인≫을 인용하여 서구인의 몰인정한 경제적 이기심을 비판하면서 미국의 정책이 결국 자기 나라의 이익만을 고려한 정책이라고 주장한 연설 내용이 광서자치구 최남단 시골 마을까지 연일 전파를 타고 있었다.

이렇게 주권대국으로서 미국과 대등한 입장에 있는 유일한 국가라는 자부심은 국민일체감 형성에도 한 몫하고 있는 듯했다.

끝없는 대륙, 그 구석구석을 찾아서

역사문화의 도시 베이징과 시안

베이징은 세계가 공인하는 유명한 역사문화 도시로서 3천여 년의 역사를 가지고 있다. 일찍이 연·계의 주요 도시였고 10세기초 거란족이 세운 요 나라의 도읍으로 시작되어 금·원·명·청의 고도(古都)로서 중국 최대 고적유물 관광지로서의 역할과 49년 중화인민공화국 창건당시 수도로 결정되어 정치·문화·외교의 중심무대가 되고 있으니 이른바, 베이징을 보아야 중국을 보았다고 회자되는 것도 무리가 아니다.

개혁 개방이후 상하이(上海) 광동(廣東) 등 동남 해안도시의 급속한 경제력 확대는 가치관과 의식구조의 변화를 가져와 지금 베이징에 거주하는 사람들은 수도에서 산다는 자부심과 우월 의식이 크게 약화되어 가고 있다.

하지만 통계에 의하면 13억 인구 중에서 60%가 생전에 베이징을 한번 보는 것이 소원이라고 말할 정도로, 베이징은 대부분 소득 수준이 낮은 중국인의 마음에 아직도 선망의 도시로 자리잡고 있으며 자신들이 최고 선호하는 관광 도시임을 여전히 입증하고 있다.

주요 관광지로는 고궁·이화원·천단공원·천안문·팔달령 장성(長城) 이외에 시간이 허락한

〈병마용〉 얼굴모양과 몸집이 모두 달라 실제인물을 묘사해 제작했다고 한다.

다면 북해공원과 '마르코 폴로'가 그의 저서 「동방견문록」에서 "세상에서 가장 아름다운 다리"로 묘사했던 노구교 그리고 50만년 전 베이징 원인(猿人)의 유골과 거주지가 발견된 주구점 정도를 돌아보는 것이 보통이다.

시안(西安)은 베이징(北京)·난징(南京)·뤄양(洛陽)·카이펑(開封)·항저우(杭州)와 함께 6대 옛 도시중의 하나로서 주나라 때부터 진·한·수·당에 이르기까지 100여명의 제왕이 수도로 삼은 유서 깊은 곳이다. 옛날 실크로도의 종착지인 장안(長安)이 이곳의 옛 지명이다. 지난 74년 현지 농부에 의해 우연히 발견된 경이적인 진시황 병마용이 있어 더욱 세계적으로 유명해진 곳이다.

시안(西安)에 오면 우선 역사 박물관에 들러 유물들을 돌아보고 병마용을 포함한 진시황릉인 여산능 일대와 당나라 현종과 그의 애첩 양귀비의 겨울철 온천 휴양지인 화청지(華淸池) 그리고 우리에게「손오공」의 주인공으로 잘 알려진 현장법사가 인도에서 가져온 불경을 보관하기 위해 지었다는 자은사의 대안탑 이외에 우리보다는 서구인들이 즐겨 찾는 반파(半坡) 선사유적지 등을 둘러 보는 것이 일반적인 관광 코스가 되고 있다.

명·청 왕조의 현란한 보물창고 고궁과 천단

옛날 우리나라 사신들이 이곳을 보고 그 규모에 기가 눌렸을 법한 건축물들, 위엄이 있고 화려하여 보는 사람을 압도하고도 남는다는 표현을 모화(慕華)라고 매도할 수 만은 없어 보였다.

고궁(古宮)은 명나라 초기에 지어진 황궁으로 자금성이라 불렀다. 동서·남북으로 각각 1km에 가까운 장방형의 거대한 궁성에는 700여 개의 누각과 100만점 이상의 유물이 전시되어 있다는데 자세히 보려면 며칠로도 부족할 것이다.

천단(天壇)은 명(明)·청(淸)시대 황제가 하늘에 제사를 지낸 곳으로 지금도 기이한 현상들이 존재하는 곳이라고 하는데 직접 체험해 보기 바란다.

여걸 서태후의 체취가 묻어나는 이화원

이화원은 베이징 시(市) 북서쪽 15km지점에 있는 중국 4대 정원의 하나로서 최대 황실정원이다. 1750년에 건립했으나 1860년 영·불 연합군에 의해 훼손된 것을 1888년 서태후가 해군예산 500만냥을 빼돌려 중건했다고 한다. 정원의 규모도 규모려니와 볼거리도 많아 북경을 관광하는 중국인들도 반드시 들리는 코스여서 연휴 때면 발 디딜 틈이 없고, 등을 떠밀려 다니는 곳이기도 하다.

맹강녀의 통곡이 들릴 것 같은 만리장성

베이징에 들린 관광객들이 만리장성을 관람할 수 있는 곳은 베이징에서 서북쪽으로 70km지점에 있는 팔달령 장성으로서 명나라 시대에 축조된 부분이다. 만리장성은 북방 이민족의 침입을 막기 위해 춘추 전국시대 때부터 쌓기 시작했는데, 최초의 통일국가를 이룬 진나라가 들어서면서 소규모 장성을 대규모로 연결하였다.

진시황 때는 만리장성 축조에 연인원 30만여 명이 10년이나 동원되었으며, 한번 징집되어 나가면 몸이 성해서 집에 돌아오는 사람이 없었다고 한다. 공사하던 중 사고나 도망 등으로 인한 손실인원을 보충하기 위해 각지방 장정들을 수시로 모집해 갔다.

신혼 초에 만리장성 공사장으로 끌려 간 남편을 찾아 헤매던 맹

〈만리장성〉

강녀는 천신만고 끝에 남편이 일한다는 현장을 찾았지만, 이미 남편은 죽어 장성 속에 묻혔다는 말을 듣고 통곡으로 며칠 밤낮을 보냈는데, 하늘이 감동하여 장성을 무너뜨려 겨우 남편의 유골만을 수습했다는 전설 같은 이야기는 사마천의 「사기」등에 전해 오고 있다.

이 이야기는 후대에 극적으로 각색되어 안내원들의 단골 메뉴로 등장하는데, 방문객들을 잠시 숙연하게 만든다.

진시황릉의 신비성

시안(西安)은 베이징에서 가장 빠른 열차로 17시간 정도 서남쪽으로 달리면 도달하는 유서 깊은 도시로서 지금도 당나라 성벽을

토대로 명나라 초기에 건조된 성벽이 가장 온전하게 남아있어 고풍스러움을 더해주는 도시이다.

시안(西安)은 당나라 수도 장안(長安)이라는 이미지보다는 중국에서 최초로 통일국가를 이룩한 진나라 시황제의 전설로만 여겨지던 유적이 발굴되면서 세계인은 물론 중국인 자신들 조차 경이로움을 갖고 있다.

여기서는 아직 발굴을 미루고 있고 진시황릉에 대해 역사서에 기록된 내용을 소개해 본다.

높이 116m 둘레 2.5km의 규모로 우리나라에서는 어디서나 볼 수 있는 작은 동산과 흡사한데, 언제부터인가 현지인들이 산으로만 알고 개간하여 석류나무를 심어 가꿔왔는데 이것이 오히려 주변환경을 아름답게 하고 있었다.

〈진시황릉〉 맨아래 부분은 초록색의 농작물이 무성하게 자라고 있다.

당국은 능 발굴에 신중을 기하고 있어 그 내부 규모와 신비함은 기록에 의해 짐작할 뿐인데, 지하 깊숙한 묘실은 세 겹으로 수층(水層)을 제거했으며 관은 동으로 주조했고 능묘 내부에는 궁전·누각·회랑 등과 함께 많은 보물이 들어있고 돔 천장에는 진주로 아로 새긴 해·달·별이 반짝이고 있으며 문무백관의 자리가 차례로 배치되어 있는가 하면 지면에는 수은을 이용한 하천과 호수가 만들어져 있고 묘실 입구에는 활을 장치해 놓아 도굴자가 침입하면 화살이 발사되는 장치를 해 놓았다고 한다.

죽어서도 근위병으로 하여금 자신을 지키게 한 진시황, 각종 대역사(大役事)를 벌여 백성들을 가혹하게 노력동원시키고 과도한 세금과 무자비한 형벌 등으로 민심은 점차 떠났으나 오히려 통치자는 더 큰 충성을 강요하고 이것을 확인하려 했던 현장이 바로 이곳이 아닌가. 그러나 '아이러니' 하게도 도용(陶俑)이 된 근위병과 신하들은 각기 표정은 다르지만 하나같이 모두 미소를 띠고 있는 등 만족한 모습으로 황제에게 영원히 충성을 맹세하는 것 같았다.

누가 묘지는 인간이 세상에 마지막으로 남기는 자신의 초상화라고 했던가, 나는 이 말에 동의할 수 없다고 생각했으나 여산능을 돌아보며 이 말에 수긍이 갔다. 자신의 생활·성격·지위·신분 등을 가늠해 볼 수 있는 초상화, 풍상에 찌들어 빛이 바래고 비바람에 씻겨 형체를 알아볼 수 없을 때 세상 사람들에게 영원히 잊혀지는 초상화.

극락왕생을 위해 영원히 자신을 지켜줄 신하와 군사가 필요했던 진시황. '육신이 썩어 술통마개가 되는 것을 미연에 방지하기 위해'(알렉산더대왕 같이) 생전에 자신이 들어갈 묘지에 이렇게 철저한 조치를 취했던 것일까? 이곳으로 오던 도중 언덕과 논밭 귀퉁이 잡초 사이로 간간이 눈에 띄던 초라한 이름 모를 백성들의 묘지가 대비되어 어른거렸다.

천안문 앞 해프닝

중국 체류기간 동안에는 수시로 가짜 물건과 바가지 요금에 시달려야 한다. 가짜에 익숙해 져야 하고 가짜 분별력이 생겨야 한다. 물론 하루아침에 그런 안목이 생길 수는 없다.

현지 사람들은 가짜 분별력이 있었는데, 이는 상대적으로 가짜에 관한 정보를 더 많이 가지고 있는데 기인한 것으로 여겨졌다. 결국 외국 관광객이 가짜를 피하려면 품질관리가 비교적 잘 되고 있는 대형 백화점이나 외국계 할인 매장에서 구입하면 그만큼 안전하다.

중국을 여행해본 사람이라면 기간의 장·단에 관계없이 바가지를 써본 경험이 있을 것이다. 그리고 중국에서 이색적으로 보이는 하나의 풍물은 관광지뿐만 아니라 대도시와 시골 중소도시 할 것 없이 교통수단으로 인력거가 있다는 점이다.

개방 초기에는 사람이 직접 끄는 것이 대부분이었으나 지금은 자전거를 개조하거나 오토바이를 개조해서 만든, 바퀴가 세개 달린 삼륜차라는 것이 대부분이다. 목적지가 2km 미만이라면 타봄직한 교통수단이다.

지난 해 고향이 경상도인 후배와 베이징 천안문 앞에서 2km 정도 거리에 있는 고문화(古文化)거리인 유리창(琉璃廠)을 둘러보기로 했다. 천안문 앞에서는 택시나 버스정류장까지는 500m정도 걸어야 하기에 인력거를 타기로 하고 요금 흥정을 하는데 인력거꾼은

30元을 요구했다. 지방에 따라 택시 기본요금(10元안팎)이 다르지만 인력거 요금은 대도시의 경우 택시 기본요금과 비슷하다. 이들은 손님이 외국인 관광객들로 비쳐질 때는 여지없이 바가지 요금으로 봉을 잡으려 한다.

　우리는 대꾸도 하지 않고 돌아서서 다른 인력거로 향하면서 무심결에 'O새끼 더럽게 비싸게 부르네…'라고 했는데, 이 말을 들은 인력거꾼이 등 뒤에서 10여m 앞에 있던 동료에게 '그 사람들 광동 사람 같다'라고 소리치자, 이번에는 두말 없이 10元에 가겠단다. 경상도 말씨가 억양이 센 광동어로 둔갑하여 덕을 본 셈이다.

　인력거꾼은 유리창으로 이동하면서 우리에게 '광동에서 왔느냐'고 제법 진지하게 묻고는 광동방언은 한 마디도 알아들을 수 없노라고 너스레를 떤다. 우리는 객기가 발동하여 억양이 강한 경상도 사투리로 말하면서 '베이징 보통화는 서툴다'고 응수한 후에 터져 나오는 웃음을 적당히 자제하느라 힘들었던 기억이 난다.

　여행을 하다보면 이런저런 해프닝이 있게 마련인데 지나면 소중한 추억으로 남는다.

문화 역사가 숨쉬는 화중지방

화중(華中)지방이라 함은 양자강 하류지방으로써 중국 전 국토의 지리적 중심인 상해직할시, 강소성, 절강성, 안휘성, 호북성을 포함하는 광활한 지역이다.

중국지형이 서고동저(西高東低)형으로 특히 화중지방은 물(호수 · 강)이 풍부한 대평원 지대여서 농경사회가 시작되면서 이 지역의 인구는 빠르게 증가하였고, 천혜의 농경조건을 갖춘 곳으로서 역사적으로는 끊임없이 패권다툼의 현장이 되어왔다.

우선 일제 강점기 우리 나라의 임시정부 청사가 유일하게 남아있고 윤봉길 의사 폭탄의거 현장인 홍구공원이 있는 상해시와 '하늘에는 천당이 있고 땅에는 이 곳이 있다'고 하는 소주 · 항주 일대지역을 둘러본다.

소주 · 항주는 역사 문화 탐방 코스로는 손색이 없겠으나, 실제로

〈황산비경〉 중국에서 가장 동양적인 산이다. 연화봉을 중심으로 지척에 있는 몇 개 봉우리는 평지처럼 쉽게 이동하여 각각 다른 위치에서 주변의 72개 봉우리 사이로 운해가 피어오르는 장관을 만끽할 수 있다.

돌아보면 너무 밋밋하여 기대 이하라는 것을 깨닫게 되는 곳이기도 하다. 그래서 일주일 답사 코스로는 빠듯하겠으나 항주에서 버스로 10시간 정도 거리에 위치한 황산을 올라가 보겠다.

황산은 해발 2천m도 안되는 산이지만 '중국의 많은 명산(名山)가운데 황산만이 오로지 빼어났다'라고 회자되는 명산중에 명산으로 알려져 있다. 중국인들이 흔히 붓으로 그리는 산수화 가운데 산(山)풍경은 대부분 황산을 배경으로 하듯이 황산은 수려하고 아기자기한 산으로 그만큼 동양적인 산이기도 하다.

항일 독립운동의 현장 上海

한국인 관광객이 상해를 들리면 제일 먼저 마당로(馬當路) 306롱(弄) 4호(號), 상해 임시정부 청사 건물 앞에 서게 된다. 이 건물은 말이 청사이지 벽돌과 목재로 지어진 일자(一字)형의 3층 서민 연립주택 건물로 당시 1호에서 6호까지를 임대하여 임시정부 청사로 사용하였다. 그 중 3호는 김구 선생이, 4호는 이동녕 선생이 집무실 겸 숙소로 사용하였다 한다.

한때 지하철 건설 관계로 철거의 위기를 맞이했던 이 건물은 우리 정부의 요청과 모(某) 기업의 지원으로 보수되어 문물중점(文物重點:보호유적)으로 지정되어, 특히 한국 관광객들에게 유료 개방되고 있다.

개방되고 있는 4호 건물은 1층에 책상과 의자가 놓인 회의실이 있고, 2층은 집무실, 3층은 전시관으로 되어 있다. 건물 입구에 '한국 손님을 환영합니다' 라고 쓴 글씨가 좀 색다르게 눈에 들어온다.

임시 정부는 1926년부터 32년까지 6년간 이 곳을 사용하다가, 일제의 감시를 피해 남경(32년)·항주(32년)·가흥(35년)·진강(37년)·장사(37년)·광주(38년)·유주(38년)·기강(39년)·중경(40년) 등 8년 간 무려 10군데를 전전했다.

이렇게 여러 곳을 전전하게 된 것은 홍구공원 폭탄 의거에 기인한 바 크지만, 이로써 대한민국 독립에 대한 국제적 여론을 환기시켰고, 33년에는 남경에서 김구와 장개석이 회담을 갖고 낙양 군관학교에 한인훈련반을 설치토록 하는 등 국민당 정부의 실질적인 도움을 받는 계기가 되었다.

그 후 홍구공원은 56년 노신공원으로 개명되어 노신 기념관과 동상 그리고 묘소가 들어선 이외에 윤 의사를 기념할 만한 흔적은 공원 어느 구석에도 없었으나, 지난 94년에야 비로서 묘소 오른쪽 언덕에 윤 의사의 아호를 따서 매정(梅亭)이라는 정자를 세우게 되었다.

園林의 숲, 蘇州

상해에서 소주(蘇州)까지는 버스로 1시간 남짓 소주시내 곳곳에 산재해 있는 고전적인 정원의 명성은 이미 97년 졸정원, 유원, 망사원, 환수산장을 세계문화 유산으로 지정되게 했다. 이 곳에는 크고 작은 정원이 170여 개에 달하며 비교적 잘 보전된 곳이 100여 개에 이른다.

정원의 역사를 보면 이미 상(商)·주(周) 시대에 출현하여 제왕들의 휴식 공간이 되어 왔으며 특히 남북조 시대 이후부터는 시인 묵객들의 공간으로도 광범위하게 이용되어 왔다.

소주 정원들 중에 송대(宋代)의 창랑정·망사원, 원대(元代)의 사자원, 명대(明代)의 졸정원·예포, 청대(淸代)의 유원·이원 등이 유명하다.

당시 시인 묵객이며 부호들은 마치 오늘날 유명인사들이 경관 좋

〈태호〉 소주에서 고속버스로 한시간 거리에 위치하고 있으며 중국에서 세번째로 큰 호수다

은 곳에 별장을 짓고 사회적 권위를 재확인이라도 하듯 이 곳에 자신들의 거택을 마련하여 정신 세계를 갈고 닦으며 시심(詩心)을 뽐낸 것이다.

〈동리마을의 고택(上)과 석교(下)〉

소주 시내에 산재된 원림(園林) 이외로 가볼 만한 곳을 찾는다면 중국에서 세 번째로 큰 호수 태호(太湖)가 있다. 이 호수는 소주에서 버스로 1시간 정도 거리인 무석(無錫) 주변이 가장 경관이 뛰어나다.

일제 시대 때 어느 일본인 호사가는 이 곳에다 도차망기(到此忘畿 - 이곳에 와서 亞流는 다 잊었다)라는 비문을 새겨 이 곳의 절경을 단지 넉자로 극찬했는데, 조금은 과장되어 보이지만 소주 원림에서 느낄 수 없는 자연 풍광을 만끽할 수 있다.

그 외 시간이 허락한다면 명청(明淸)시대 부호들이 모여 살던 주장(周庄) 혹은 동리(同里) 중 한 군대를 들러 봄직하다.

杭州하면 西湖

항주는 소주에서 버스로 4시간, 배로는 12시간 걸린다. 많은 여행객들이 버스보다 시간이 3배나 더 걸리는 배를 이용해서 이동하는 것은 낮시간에 소주 시내를 한 바퀴 돌아보고 저녁 때(17시 30분) 침대로 꾸며진 배를 타고 한 잠 자면 아침에 항주에 도착할 수 있기 때문이다. 밤에 이동하므로 숙박비가 절약되는 이외에는 별로 이점은 없으나, 수로(水路)를 택했다는 의미는 부여할 수 있을 것 같다.

〈서호〉 소동파가 이곳에 부임하여 제방을 쌓아 나무를 심고 정자를 지었다.

당나라 때부터 발전한 항주는 남송(南宋)시대에는 정치·경제·문화의 중심지가 되었다. 당시 이 곳은 중국 최대도시일 뿐 아니라 세계에서도 가장 번화한 도시 중의 하나였다. 장안(長安)이 육로의 실크로드 종착지라면 항주는 해상 실크로드의 주요 거점이었다.

서호(西湖)는 둘레가 약 15km로 주변은 귀족들과 황제의 인척들이 경쟁적으로 원림(園林)과 정원을 건축하였다.

당나라 때 이곳 지사로 부임한 백낙천(白樂天)과 송나라 때 소동파(蘇東坡)가 각각 이 호수를 가르는 제방을 쌓아, 이로써 서호는 다섯 부분으로 나뉘어졌다. 서호십경(西湖十景)의 하나인 단교잔설(斷橋殘雪)에 관한 이야기를 꼭 들어보기 바란다.

그리고 서호에서 17번 버스를 타고 30여분 거리인 용정촌(龍井村)에 가보자. 유명한 샘(龍井)이 있고 중국 명차(名茶)인 용정차(龍井茶)의 산지로 유명하다.

黃山의 비경

항주에서 버스로 10시간 정도, 중국 사람들은 황산(黃山)을 보고 비로소 다른 명산들이 너무 밋밋하다고 여긴다고 한다. 고래로 시인 묵객들이 자주 찾아 시를 짓고 화폭에 담은 산이다.

기암절벽에 소나무, 수시로 피어 나는 운해(雲海)가 장관을 이룬다. 최고봉인 연화봉(蓮花峰 - 1864m)·광명정(光明亭)·천도봉(天道峰) 등 3대 봉우리를 중심으로 72개의 봉우리가 오밀조밀 서로 조화를 이룬다.

무엇보다 등산하기에 최적의 산이다. 황산 및 탕구(湯口)에서 1박한 후 아침 일찍 케이블카가 있는 운곡사까지 버스로 이동하면 여기서부터 계단으로 된 등산로가 있다.

가장 절경을 이루는 비운정(排雲亭)·청량대(淸凉臺)·시신봉(始信峰)까지는 2~3시간이면 족하다. 내외(內外) 관광객들은 대부분 케이블카를 타고 오르지만, 등산의 묘미를 느껴보자. 오르는 길에서 심심찮게 마주치는 짐꾼들이 무거운 짐을 어깨에 메고 오르내리는 것을 보면 안쓰러운 점도 있지만 산사람들의 치열한 삶의 현장을 보는 것도 의미가 있다.

이 짐꾼들은 대나무를 쪼개어 편편하게 다듬어 1m남짓하게 잘라 양끝에 짐을 메달아 한쪽 어깨에 비스듬히 메는데, 산 정상 부근에 산재해 있는 숙박시설·매점 등에서 요구한 물건들을 배달하는 것이다. 보통 한 번에 메고 올라가는 무게가 100kg 정도라고 하니,

그저 입이 벌어질 뿐이다.

한 번 오르면 품삯으로 받는 돈은 30元정도(오천원)라고 한다. 하루에 한 번 이상은 힘들어서 할 수 없다고 한다.

내려올 때는 빈 기름통, 세탁물 등 가벼운 물건을 메고 내려오는 사람도 있지만 대부분은 빈손으로 내려온다.

각설하고 하산할 때는 천도봉을 거쳐 자광각(慈光閣)으로 내려오면 된다. 시간 여유가 있으면 다시 찾기 힘든 명산임을 감안해 최소한 2박3일 일정으로 잡는 것이 좋겠다.

돌아가는 길에 명·청대 고택(古宅)이 산재해 있는 인근 이현에 들어가 보자. 사방이 산으로 둘러쳐진 분지형태의 구릉지다.

당나라 때 시인 이백(李白)이 황산을 거쳐 이 곳 맑은 개천에 와서 낚시를 했으며 지금도 그 자리가 있다하나 현지인은 찾을 만한 곳은 못된다고 굳이 말린다.

이 곳은 평야지대는 아니지만 땅이 기름지고 전화(戰禍)에서 벗어날 수 있는 등 길지(吉地)로써 오랜 옛날부터 고관대작들이 이주해 살던 곳이라 하며, 특히 청나라 때에는 이 곳 출신 여러 사람이 외지(外地)에 나가 거부(巨富)가 되어 다시 고향으로 돌아와 호화저택을 짓고 여생을 보냈다고 한다.

청대(淸代)에 지어진 고택(古宅)들은 예외 없이 고급 목재로 된 벽·칸막이·기둥 등에 금병매·서유기 등 고전에 나오는 인물들을 조각으로 새겨 장식하고 순금을 입히는 등 그 호사스러움은 극치를 달린다. 이렇게 해서 자신의 부(富)를 내방객들에게 과시했다

〈이현의 고택〉 이현에는 명·청대 마을이 산재해 있다.

고 한다.

 문화혁명 때에 대부분 파손되었지만 보존 상태가 좋은 몇 개 촌락을 개방하고 있었다.

 특이한 점은 도둑이 들지 못할 정도의 설계를 하여 집을 지었지만, 혹시 도둑이 들 것에 대비하여 가짜 문을 만들어 달아 놓아 실제 문으로 알고 나가려다 발각되도록 설계하였다는 것이다.

 청대에 지어진 고택은 주인이 아편을 맞는 방을 후원 한쪽에 마련해 놓았는데, 천장과 벽에다가 환상적이어서 괴이하게 보이는 그림을 그려 놓아 아편 효과를 극대화시켰다고 한다. 외지에서 한적한 고향으로 돌아와 생활하던 중에도 시인·묵객·관리 등 이런저런 사람들의 방문이 자주 있었다지만, 이전의 역동적(力動的)인 삶의 풍선을 채우지 못해서였을까?

 다시 아직은 개방되지 않은 옆 마을을 가보았는데, 현재 북경에 살고 있는 재력가(財力家)가 이 곳을 개발하기 위해서 진입도로를 포장하고 있다고 했다. 지금은 아직 개방되지 않은 관계로 대를 이어 이 곳 고택에서 살고 있는 후손들이 가끔 찾아오는 관광객들로부터 관람료를 적당히 받고 있었다. 한 집에서는 5원을 주었더니 차를 내오며 장시간 고택의 내력 등을 상세히 설명해 주었다.

진입로 옆으로 돌아 한 집에 들어서니 응접실 탁자 위에 페니실린으로 보이는 하얀 가루가 든 병과 증류수 병 등이 놓여 있었고 바로 주사기를 든 사람이 서 있었다. 사람보다 이런 물건들이 더 선명하게 눈에 들어왔지만 애써 무관심한 양하며 탁자에 모여 있는 세 사람에게 인사를 했다. 훤칠하게 잘 생긴 40대 초반으로 보이는 남자와 그의 모친으로 보이는 초로의 아낙네, 그리고 앞서 말한 주사기를 든 중년 남자였다. 중년 남자는 작달만한 키에 재간이 있어 보였는데, 행색으로 보아 동네 돌팔이 의사 같다는 인상을 주었다. 이 두 남자는 약간 당혹스러워 하면서 탁자 위에 있던 물건을 얼른 집어들고 내실로 황급히 들어갔다.

이들이 내실로 들어간 사이 초로의 아낙은 좀 쑥스러운 듯이 아들이 외지에 나갔다가 화류계 병에 걸려 주사를 맞고 있는 중이라고 귀띔했는데, 선대(先代)를 닮아서 대장부기질(?)을 유감없이 발휘하고 있다는 듯한 웃음과 조상들의 호사스러웠던 생활과 현 생활의 빈약함을 대비하는 아쉬움이 함께 어우러져 깊게 패인 주름진 얼굴에 언뜻 스치고 지나갔다.

잠시 후 내실에서 나온 아들은 할아버지가 청말(淸末)에 고관을 지냈고, 조상들이 대대로 높은 벼슬을 한 집안이라며, 벗겨져 지저분하게 보였으나 역시 금물로 칠해진 내부장식에 대해 장황한 설명을 곁들였다. 그러나 이 고택에는 다른 집에서 보이던 손때 묻은 유물(서화・도자기 등)은 한 점도 보관되어 있지 않았다.

열차와 여객선에 13억 인구를 싣고

중국에서 4만여km에 가까운 거리를 열차로 이동했지만 아직도 여객열차(객차)의 구분을 분명하게 하지 못한다. 물론 간단하게 생각하면 급행, 완행, 장거리, 단거리 정도의 개념쯤 되겠으나 열차마다 붙여진 호칭이 너무 복잡하고 다양하여 대략 이런 열차이겠거니 하고 승차해 왔다.

준고속(准1-准98次), 쾌속(k1-k198次), 관내(외)특급(1-298次), 직통급행(301-598次), 관내급행(601-698次), 직통완행(701-748次), 관내완행(751-898次), 시외(701-948次), 여행(Y1-Y298)등 대강의 분류가 이런 정도이다.

다만 괄호 속의 숫자가 낮을수록 차비가 비싼 대신 빨리 달리고 신형이라 깨끗하여 편리한 점이 있다. 요즘에는 에어컨 열차가 인기가 있어, 에어컨 부착 유무도 한 가지 분류가 된다.

13억의 다양한 민족·계층을 광활한 국토 구석구석까지 실어 나르기 위해서는 이런 다양한 구분이 필요한지도 모르겠다. 그동안 너무 혼란스러워 열차를 탈 때 고려한 사항은 발차시간과 급행이냐 완행이냐 하는 정도로 우리 관행에서 크게 탈피할 수 없었다.

여객선의 경우 이렇게 복잡하지는 않았으나 객실의 구분은 역시 다양하여 재미있는 점이 있었다. 객실의 등급에 따라 요금이 달라지는 것은 물론이지만, 등급별 침대 수는 특별한 의미가 있는 듯이 보였다.

다음〈표〉는 대련(大連)―천진(天津)간 여객선의 등급별 침대 수이다.

[대련 – 천진간 여객선 침대수]

구 분 등급	침대수	바꿔본 침대수	
		A	B
귀 빈	4	12	4
1등	8		121
2등	113	177	
3등A	64		730
3등B	666	900	
4등	234		
5등	112	112+임의	346+임의
산 석	임의		
총 계	1201+임의	1201+임의	1201+임의

요금을 보면 귀빈실에서 5등 객실까지 7 단계인데 객실은 모두 침대간이며 여기에 산석(散席)을 추가하면 등급은 모두 8 단계인 셈이다.

요금은 그 내부 규모에 따라 차등을 둔 것으로 1등 침대는 5등 침대보다 2배정도 비싸며 산석보다는 3배 정도의 차이가 있었다.(귀빈실을 일반인이 사용할 수 없으므로 제외) 이것은 여행객의 주머니 사정 등 편의를 고려한 배치이겠으나 이렇게 세분할 수밖에 없었던 수운(水運) 당국의 고민은 내가 이해하기 힘든, 중국인들만이 가지고 있는 특별한 것으로 생각되었다.

그리고 본래 8단계를 임의로 4단계로 줄여 A와 B로 나눠서 바꿔 본 것은 어떤 의미부여를 하기 위한 것이 아니라 단지, 등급을 줄여 보면 어떨까 싶은 일종의 호기심에서였다.

산석(散席)은 이름 그대로 '흩어져 있는 자리'인데 갑판 이곳저곳에 놓여있는 의자였다(북해-해남도간 여객선의 경우는 이보다 사정이 나아 실내에 있는 휴게실 긴 나무의자를 산석으로 이용하고 있었다).

산석표 발매는 정해진 자리가 아니므로 그때그때 여객사정에 따라 달라질 수밖에 없겠다. 이렇다보니 산석표를 구입한 여객들은 밤에 잠잘 일을 생각해서 인지 실내 좌우통로 바닥에 신문지 등을 깔고 자리를 미리 확보해 놓고 있었다.

이 통로는 식당·매점·창고 등이 있는 층 좌우로 나 있었는데 무거운 짐을 나르는 통로로 보였으며 길이는 한쪽이 30m 쯤 되어 보였고 폭은 2.5m 쯤 되 사람이 눕는다해도 지나다닐 수 있는 공간이 남았다. 따라서 이 여객선의 경우는 철판이 깔린 통로가 산석인 셈이었다.

　한밤중 지나가기가 미안한 이 통로를 지나면서 차라리 앞에 있는 〈표〉와 같이 침대객실의 등급을 줄여 그 장소에다 큰 방을 꾸며 가지고 선박통로 철판 위에서 등을 구부리고 자는 사람들이 다리를 펴고 잘 수 있도록 만들면 좋겠다는 생각을 해보았다.

삼장법사의 곤경은 현실로

서유기(西遊記)는 당나라 때 고승 삼장법사가 불경을 얻기 위해 서역을 여행하면서 만나는 갖가지 어려움을 헤쳐 나가는 이야기로서 어느 지역이든 장기여행을 해본 사람이라면 공감되는 부분이 많을 것이다.

중도에서 요괴도 만나고 늪지도 맞닥뜨리면서 정면돌파도 하고 우회하기도 하면서 가끔은 목적지에 빨리 당도하고 싶은 욕망으로 구름을 타기도 한다.

선과 자비를 가장한 요괴를 만나 곤경에 빠졌다가 용기있고 지혜롭게 이를 헤쳐나가는 모습에서 묘미를 더했던 중국 4대기서(四大奇書) 중에 하나인 서유기.

이제는 손오공의 변화무쌍한 임기응변의 도움이 없어도, 사오정·저팔계의 충직한 수행(隨行)이 없더라도, 삼장법사의 곤경 같은 어려움은 종종 현실로 다가왔다가 사막의 신기루처럼 사라지곤 했다.

카드하실래요

　길림(吉林)에서 열차시간이 몇 시간 남아 마땅한 휴식공간을 찾던 중 역 부근에서 초대소와 식당을 함께 운영하는 박선생이라는 조선족사람을 만나게 되었다. 그 집은 2층이었는데 건물의 절반은 여관으로, 나머지 절반은 식당으로 사용하고 있었다.
　박선생은 50대 중반에 스포츠형 머리를 한 다부진 인상의 소유자였다. 자신의 부친은 일제시대 경상도 어느 지방에서 '예기치 않은 살인'(그의 표현은 '어쩌다 살인'이었다)을 저지르게 되어 그 고장에서 살 수 없게 되자 피신해 온 곳이 바로 이곳 길림이며 자신은 여기서 태어났다고 했다.
　박선생이 이렇게 묻지도 않는 말을 하는 바람에 내심 찜찜하기도 했으나, 이들이 말하는 조선사람(나)을 만나 반가운 마음에 그러려니 하고 생각했다.
　그러면서도 박선생의 이런 거침없는 말을 더 듣기도 거북하여 이제 쉬어야겠다며 방으로 들어가 여행지에서의 생각을 정리하던 중이었는데, 노크소리와 함께 박선생 특유의 막걸리같이 컬컬한 목소리가 들렸다.

문을 잠그지 않았으므로 나는 그대로 앉아서 들어오라고 했는데, 박선생은 친구인 듯한 중국 사람(한족이라고 자신을 소개)을 데리고 들어왔다. 이 사람의 손에는 카드가 들려져 있었다.

  이들은 다소 겸연쩍다는 듯이 웃더니 박선생이 먼저 카드놀이를 같이해 볼 생각이 없느냐고 묻는다. 나는 속으로 '이들이 한국사람은 카드놀이를 즐긴다는 것을 어떻게 알았을까' 라고 싱겁게 생각하며 카드를 할 줄 모른다고 잘라 말했다.

  이들은 한참이 지나서도 자신들의 청에 응할 빛을 보이지 않자, 박선생은 다시 자신이 겪은 과거 고생담을 늘어놓는 가운데 같이 들어온 중국인은 오른손, 왼손을 번갈아 가며 계속해서 카드를 만지작거리고 있었다. 30분쯤 지나서 또 다른 한사람이 들어왔다.

  순간 나는 굳은 표정을 지었으나 박선생은 나의 이런 모습을 눈치채지 못했는지 전혀 개의치 않았다. 그는 본래 상대방을 고려하는 마음은 갖고 있지 않는 사람 같았다.

  이 곤란한 상황을 벗어나기 위해 나는 차시간도 거의 되고 식사도 해야 하겠으니 식당으로 내려가자고 제의했다.

  식당에서 주문한 칼국수가 제대로 입에 들어가지 않아 맥주 한 병을 시켜 마시면서 '한국 사람들은 혼자 맥주를 마실 때 병째 마시는 습관이 있다' 고 은유적으로 말해주고 이 집을 떠났다.

유령 같은 여인과의 숨바꼭질

항조우(杭州)를 경유해서 광조우(廣州)에 들렸을 때이다. 광조우역에서 내려 출구를 빠져나가자마자 외지인임을 알아본 호객꾼들은 '숙소를 안내해 주겠다, 관광지를 안내하겠다, 어디를 가느냐, 택시를 타라, 신문을 사라, 관광지도를 사라…' 등 출구에서 광장을 가로질러 불과 50m쯤 걸어나오는데 내 정신을 쏙 빼놓고 있었다.

나는 끝까지 따라붙는 택시호객꾼에게 중의학원에 가려고 하는데 택시비가 어느 정도 나오는지를 알아보았다. 그는 이 역은 시 외곽에 위치하고 있어 시내를 가로질러 반대편으로 가야하는 상당히 먼 거리로써 50위안인데 40위안에 해주겠단다. 그럼 버스는 없느냐고 물으니, 버스는 몇 번을 갈아타야 하기 때문에 이만저만 불편한 것이 아니라고 호들갑을 떤다.

어떤 지역에 도착해서 맨 처음 지도를 사는 습관에 따라 바로 앞에서 지도 몇 장을 들고 있는 아주머니로부터 지도를 사서 펼쳐보는 순간, 끈질기게 따라붙던 그 택시호객꾼은 온데간데없이 사라졌다.

지도를 판 아주머니에게 지도를 펼쳐 보이며 중의학원이 어디냐고 물으니, 지도는 보지도 않고 뒤편 역 건물을 가리키며 바로 역 뒤편이지만 철로를 건너갈 수 없으니 택시를 타고 우회하여 가면 기본요금(7위안) 밖에 나오지 않는다고 알려준다.

중의학원 정문을 지나 철조망을 따라 안쪽으로 들어가니 유학생

기숙사 입구에는 다시 수위실이 있었다. 이 학교 유학생숙소 주변에는 온통 높다란 철조망이 쳐져 있었는데, 다른 지역 학교에서는 좀처럼 볼 수 없는 풍경이었다.

수위실로 들어가 보니 60대 중반의 노인이 있었다. 한국학생을 만나보기를 원했으나 마침 점심시간이어서 1시 이후에나 가능하단다. 이때서야 비로소 출출하다는 생각이 들어 이 학교 안에 있는 음식점으로 가서 점심을 한 후에 1시가 조금 지나서 다시 수위실로 와서보니 수위 노인 옆에서 20대 중반으로 보이는 아가씨가 도시락을 먹고 있었다.

이 아가씨는 내가 들어서자 한번 흘끔 보고는 체면도 차리지 않고 하던 식사에 열중하고 있었다. 나는 이 아가씨의 이런 태도로 보아 이곳에서 일하는 직원이라고 생각되어 "여기서 근무하나 보죠?"라고 한 마디 건네었더니 기다렸다는 듯이 자신은 "이 학교에 다니는 남자친구를 면회하러 왔는데 아직 수업중이라 기다리고 있는 중"이라고 아주 친한 친구 사이에서나 가능하다고 생각되는 기대 이상의 대답을 했다.

이윽고 식사를 마친 이 아가씨는 내가 항조우에 들렀을 때 구입한 배낭에 매달린 그림을 가리키며 그것이 무엇이냐고 묻는다. 그림이라고 간단히 대답하자, 직접 그린 그림이냐고 다시 물으며 좀 보고싶단다.

배낭에 동여맨 그림을 풀어서 보여 준다는 것이 귀찮아 길거리에서 산 것으로 어디서나 흔히 볼 수 있는 그런 그림이라고 우회적으로 거절하자, 이 아가씨는 아쉽다는 듯이 이번에는 숙소로 가서 보면 어떻겠느냐고 한다(이 아가씨가 식사하던 중에 나는 수위 노인에게 이 학교의 숙소 사정을 묻고 조건이 맞으면 학교 초대소에서 숙박하기로 했었다).

이 아가씨의 의외의 제안에 어이없었지만 침착함을 잃지 않으려고 애쓰면서 숙소 로비에 오면 보여 주겠다고 했다. 지금 생각해도 마찬가지지만 나는 이때 더 좋은 답변을 생각해 내지 못했다.

드디어 한국학생을 만나보고 수위실에서 200m쯤 떨어진 초대소로 가서 1박을 하기로 결정했다. 여장을 푼 후에 부근 가게에서 식품을 사 가지고 초대소 로비로 들어서는데 이 아가씨가 그림을 보러 왔다고 하며 종종걸음으로 내게 다가왔다.

순간 당황되기도 하고 다른 일도 아니고 그림을 보겠다며 처음 보는 남자의 숙소에까지 찾아온 이 아가씨의 행동이 이해하기 어려웠으나, 우선 예의를 차리기 위해 "친구는 만나 보았느냐?"고 물어 보았다. 친구는 이미 다른 친구와 외출하여 만나지 못했노라고 했다. 이렇게 말하는 이 아가씨의 표정이 담담한 것으로 보아 그 남자친구가 다른 여자친구와 외출한 것 같지는 않았다.

이 아가씨는 스스럼없이 그림을 보겠다며 방에까지 따라와서는 내가 세면장에서 손을 씻고 나오는 사이에 의자에 앉아 찻잔에 물을 붓고 있었다. 내게 먼저 차를 권한 후 공통언어를 찾아보려는 듯이 '방안이 참 깨끗하다'라고 말을 꺼내고는 혼자 홀짝거리며 차를 마시고 있었다. 나는 이때 이 아가씨가 과연 어떤 여자이기에 라는 생각에만 골몰하여 적당한 말이 떠오르지 않았다.

그동안 될 수 있으면 사람을 의심하지 않으려고 노력해 왔고 의심하는 것은 나쁜 것으로 여겨왔지만 이런 상황에서까지 사람을 의심하지 말아야 한다고는 생각되지 않았다.

역시 안되겠다 싶어 이곳 광조우에서 구입하기로 마음먹었던 물건을 어디에 가면 쉽게 구입할 수 있는가를 물어 보았다. 이 아가씨는 제법 먼 거리인데, 베이징따오(北京道)에 가면 살 수 있을 것 같다고 했다. 괜찮다면 안내해 줄 수 있느냐고 부탁하자, 그렇게 하겠다고 기꺼이 따라 나섰다.

돌아오면서 물건을 구입한 과정을 생각해보니 만약 나 혼자 나섰더라면 거의 찾지 못했거나, 찾았다 해도 상당한 고생을 한 뒤였을 것 같았다. 학교로 돌아와 고맙다는 인사로 저녁을 사겠다고 하자, 식당까지 따라와서는 먹고 싶은 생각이 없다고 했다.

이 아가씨도 중국 사람들의 겉치레 예의가 발동한 게 아닌가 싶어 몇 차례 권했으나 자신은 신경 쓰지 말고 어서 음식을 시키라고 한다. 할 수 없이 혼자 식사하면서 그 친구는 언제 만날 생각이냐고 다시 물어 보았는데, 그제야 생각난 듯이 기숙사에 가 보겠다고 자리를 뜨면서 친구를 만나면 같이 이곳으로 오겠단다. 전화를 하면 되지 않느냐고 하니 가보는 것이 좋겠다며 식당 문을 나섰다.

식사를 마칠 무렵 이 아가씨는 아무 일도 없었다는 듯이 식당 문을 들어서고 있었다. 내 맞은 편에 다시 앉더니 친구가 아직 들어오지 않았단다. 그럼 어떻게 하겠느냐고 물으니, 자신은 친구를 기다려 만나보고 가겠단다.

이 식당에서 기다리다 만날 심산이지, 내가 자리에서 일어서려고 할 때서야 저녁을 먹어야겠다고 한다. 나는 괜찮다며 그냥 가라는 이 아가씨의 말을 뒤로 한 채 식사비를 계산해 주고 친구를 만나면 숙소로 같이 놀러오라는 말을 남기고 초대소로 향했다.

다음 날 아침으로 죽 한 그릇을 먹고 다음 행선지 꾸이양(貴陽)으로 가려고 짐을 챙기고 있는데 노크소리가 들렸다. 종업원으로 생각하고 문을 열고 보니 그 아가씨가 혼자 서 있는 게 아닌가, 엉겁결에 들어오라는 말을 했으나, 해가 뜬 시각이니 유령은 출몰하지 않겠지 라고 스스로 농담반 진담반으로 생각하며 얼른 친구를 만났느냐고 물어 보았다.

친구는 기숙사에 들어오지도 않았단다(그날은 일요일이었다). 어제 밤늦게까지 기다리다 지쳐 집으로 돌아갔다가 다시 왔단다. 그러나 여전히 감정의 변화는 없었다.

이 아가씨의 얼굴을 다시 보는 순간 어제 그 아가씨가 아닌 것 같은 착각을 하고 움찔 놀랐는데 얼굴이 까칠하고 푸석푸석하게 변한 이유만인 것 같지가 않았다.

나는 귀신에 홀린 게 아닌가 싶기도 했고, 또 그렇게 생각할수록 이 아가씨에 대한 의문은 깊어만가, 그렇지 않아도 서툰 내 언어는 갈피를 못 잡고 주술 관계가 계속 뒤바뀌고 있었다.

한편 어제 처음 만났을 때 그림을 보고 싶다던 이 아가씨는 지금까지 정작 그림을 보자고 요구하지도 않았고, 그림을 보여 주기를 원하는 것 같지도 않았다.

　나는 열차시간이 얼마 남지 않아 끝내 이 아가씨에 대한 의혹을 풀어보지 못하고 다음 행선지로 떠나면서 다음과 같은 가정을 해보았다. ①정신이상 ②금품을 털려는 속셈(친구를 만나러 왔다는 것은 거짓) ③남자친구의 배신에 따른 갈등 ④투자하러 온 외국인이 아닌가 싶어 좀더 내 정체를 알아보려는 속셈 ⑤이상 모두 아니다.

　과연 무엇인지 독자들의 상상에 맡겨본다.

끝이 없는 대륙, 그 구석구석을 찾아서

3배의 차비와 VIP대접

93년 내가 처음 단체관광단의 일원으로 인천에서 배편으로 산동반도 웨이하이(威海)에 도착했을 때의 일이다.

옌타이(煙臺)까지 버스로 이동한 후 옌타이에서 칭따오(靑島)까지는 열차를 타고 가기로 되어 있었다. 그러나 옌타이역에서 두 시간을 기다려도 기차는 오지 않았으며 역무원에게 여러 차례 문의했지만 모른다는 답변뿐 열차가 왜 연착하며 언제 오는지는 설명해 주지 않았다. 마냥 기다릴 수 없어서 계획을 변경하여 버스를 타고 칭따오로 이동한 적이 있다.

이에 비하면 지금은 열차 사정이 많이 좋아졌다. 정시에 도착하고 출발하여 아무리 장거리를 달려도 오차는 30분 이내이다.

그러나 중소도시를 연결하는 일반 장거리버스는 아직도 상당히 불편하다. 푹 꺼진 의자와 의자 사이의 비좁은 공간 등은 차라리 사치스런 이야기이다.

이런 지역에서는 버스 중앙통로에 간이의자까지 놓고 승객이 완전히 자리를 채울 때까지 한 시간이 넘도록 읍내를 배회하며 호객행위를 한다. 여의치 못하면 중간에 다른 차로 옮겨 타도록 하고 다시 돌아가는 경우도 있다.

목적지로 가는 도중 그야말로 버스기사 마음대로다. 미리 기름을 넣지 않고 매번 도중에 기름을 넣고 아무 데에서나 승차와 하차를 반복한다. 이렇게 가다보면 30km거리를 2시간도 넘게 걸려 가게 되는 경우가 허다하다.

99년 가을 천태산(天台山)에 들어가기 위해 사오싱(紹興)에서 천태현(天台縣)까지 가는 시외버스를 기다리다가 실수로 그 버스를 놓치고 말았다.

이 버스는 내가 기다리던 터미널에서 출발하는 버스가 아니라 같은 시내이기는 하지만 다른 터미널에서 출발하여 이곳을 경유하는 버스였다. 여유가 있게 버스를 타려고 출발 예정시간 10분 전에 검표원에게 표를 보여주고 개찰구를 빠져 나가려 하자 그 검표원은 아직 차가 도착하지 않았다며 조금만 기다리란다.

정확히 10분 전인데 조금 기다리라고 말하는 것을 보면 연착되는가보다고 생각하여 검표원 앞에 있는 의자에 앉아 조금 기다린다는 것이 예정시간보다 2분이 지나고 있었다. 나는 지금쯤은 버스가 들어 왔겠지 하고 검표원에게 알아보니 금방 출발했단다.

어이없어 조금 전에는 도착하지 않았다며 내보내지 않더니 어떻게 된 일이냐, 왜 안내방송도 하지 않느냐고 항의하자, 이렇게 여러 지방을 연결하는 노선을 어떻게 일일이 방송을 하느냐고 하며 시계를 보더니 벌써 5분이 지났다고 오히려 역공이다.

그러면 다른 방법이 없겠느냐고 물으니 다음 차는 5시간 후에나 있다고 하고 시간이 경과된 표는 반환되지 않으니 다시 구입해야 한단다. 결국 내가 너무 빨리 개찰하려 했던 것이 잘못이었다.

이 터미널은 동남부 연안 인구 밀집 지역답게 각지방을 연계하는 버스가 상당히 복잡하게 드나들고 있었다. 이런 사정으로 출발에 정시간 5분 전에 개찰하는 것이 관례로 되어 있다고 했다.

5시간을 마냥 기다릴 수도 없는 노릇이어 우선 목적지 중간에 있는 도시까지 이동하기로 계획을 변경하여 두 시간 후에 출발하는 버스를 타기로 하고 표를 다시 구입한 후 점심을 하고 그 검표원에게 가서 이번만은 실수하지 않겠다는 의지를 다졌다.

이 검표원 아줌마는 나를 위아래로 보더니 그제야 외국인이라는 것을 알아챈 모양이었다.

이때부터 지금까지 보여준 무관심과는 달리 친절을 베풀기 시작했는데 앞전에 산 표를 가지고 있으면 환불을 해주겠단다. 환불이 안된다고 해서 휴지통에 버렸다고 하니, 할 수 없다며 이쪽에서 기다리고 있으면 안내하여 버스를 태워 줄테니 안심하고 기다리란다.

이 검표원은 정확히 출발 시간 5분 전에 말쑥한 정복차림의 여자 안내원까지 데리고 와서 차가 들어왔다며 나를 버스까지 안내하여 태워주도록 안내원에게 정중히 부탁하는 것이었다. 안내원은 운전기사에게 하차할 곳을 미리 알려주고 앞쪽자리가 좋으니 앞쪽에 앉아가라고 하며 배낭은 그냥 옆자리에 놓고 가도록 배려했다.

  이 안내원은 5분도 되지 않는 짧은 시간이었지만 잘 훈련된 의전 동작을 유감없이 발휘했다. 결국 나는 차비를 3배나 더 쓰고 VIP대접을 받은 셈이다.

경과역을 확인하지 않은 실수

중국의 광활한 대륙을 열차로 이동하다 보면 목적지를 가는데 중간에 열차를 갈아타야 하는 번거로움이 가끔 있게 마련이다.

이에 익숙하지 않은 외지인들은 모르고 혹은 알고서도 환승해야 할 경과역을 지나쳐 낭패를 보는 수가 있다.

중간에 갈아타야 하는 구간의 열차표에는 승차한 역 이름 바로 밑 괄호(　)표 안에 작은 활자로 표시가 되어 있다.

나는 메이허커우(梅河口)에서 고구려 유적지로 잘 알려진 집안(集安)에 들리려고 열차를 탔다. 직접 집안으로 들어가는 열차로 생각한 것이 잘못이었다.

통화(通化)에서 환승해야 하는 열차였는데 까맣게 모르고 있다가 통화를 지나쳐 백두산에 갈 때 들린 바 있는 바이허(白河) 방향으로 4시간 가량을 달린 후에야 알아차리게 된 것이다.

집안에 이미 도착할 시간이 지났다고 생각되어 승무원에게 몇 정거장이 더 남았느냐고 물어서 겨우 확인한 것이다.

물론 이런 실수는 이곳에서 자주 발생되는 일이 아닐 것이다. 왜냐면 대개는 안내원이 있는 단체관광이거나, 혹은 동북지역 여행필수 코스에 집안이 포함되는 것은 대부분 한국여행객에게나 해당될 것이기 때문이다.

이 승무원은 나의 실수에 가식 없는 동정심을 표시했으며 아주 친절하게 내가 하차해도 좋은 역(숙소 등이 있는 곳)을 안내해 주었는데, 나는 4시간 정도 다른 방향으로 잘못 왔다는 조급함과 오늘은 되돌아 갈 수 없다는 일정의 차질 때문에 그 승무원의 성(姓)도 묻지 못하고 말았다.

승무원의 안내에 따라 내린 역은 송허(松河)역으로써 우리로 말하면 면(面) 소재지쯤 되는 곳이었다.

내게 친절과 동정을 베풀었던 승무원은 열차가 잠시 멈춘 틈을 타서 출구 역무원에게 달려와 경과역에서 갈아타지 못하고 이곳까지 오게된 사정을 진지하게 설명하고 돌아가는 열성까지 보였다.

그러자 출구 역무원은 나를 한번 보더니 아장아장 걷는 아기를 희롱하듯 가벼운 미소를 지으며 그 표는 그냥 가지고 가서 내일 경과역인 통화에서 다시 사용하라고 상냥하게 말했다.

여행에서 이런 실수는 상당히 당혹스럽게 만들지만 나중엔 소중한 추억으로 남는다.

끝없는 대륙, 그 구석구석을 찾아서

현지인의 권고나 제안에 귀를 기울여라

혼자 여행을 하다보면 그곳 사정에 정통한 믿을만한 현지인의 말을 따르는 것이 상책이라는 교훈을 종종 얻게 된다. 나는 그동안 현지 안내책자 하나 구해보지 않고 거의 무작정 여행을 떠났는데, 이것은 발길 닿는 데로 직접 가서 어떤 것에 영향을 받거나 구애됨이 없이 스스로 느껴보자는 속셈도 있었지만, 준비성도 없고 철저하지도 못한 성격 탓이기도 하다.

북해시(北海市)에서 막 출발하려는데 내가 묵은 숙소의 주인 겸 '야마하' 수상보트 부품가게를 운영하는 오선생이 나에게 다음 예정지가 어디냐고 물어왔다. 나는 그때 북해시에서 동쪽으로 약 40km 떨어진 백용성(白龍城)에 가보려던 참이었다.

오선생 자신은 백용성이 어떤 곳인지 잘 모른다며 차라리 이곳에 온 사람들이 일반적으로 들리는 철새 도래지 난꿔싱따오후(南國星

島湖)와 유사 이래 어느 시대 어느 나라의 군대도 이곳을 점령하지 못했다는 천연요새의 섬 웨이조우따오(潿州島)를 둘러보고 마지막으로 하이난따오(海南島)에 들어가 볼 것을 권했다.

그러나 나는 그가 소개한 세 곳은 나중에 가보기로 하고 우선 백용성으로 가기로 했다. 현지에서 산 지도에는 백용성이 꽤나 유명한 관광지로 표시되어 있었다.

공공버스나 관광버스편이 없어 택시를 타고 얼마간 국도를 달리다가 비포장 시골 동네 길로 들어섰다. 두 시간쯤 달려 겨우 도착해 보니 길 양편에 농촌 어디에서나 볼 수 있는 허름한 2층 가옥 20여 채가 눈에 들어왔다.

길 한편에서는 검게 그을린 얼굴에 눈만 유난히 빛나는 초로의 남정네와 아낙들이 채소며 곡물들을 신발콧잔등 앞에 쌓아놓고 동네 사람들을 상대로 팔고 있었는데, 그들 사이로 허물어져 사람 키보다도 낮게된 성곽이 조금 보일 뿐 다른 어떤 건축물도 보이지 않았다. 알고 보니 이것이 전부였다.

길가에 모여있던 몇 명의 청장년들은 섬뜩할 정도로 유난히 광채가 나는 눈빛을 내게 주고는 이유 없이 기분 나쁜 미소(선입관이 그랬으나 대개 이런 눈빛을 가진 젊은이는 오지에서 도시로 처음 나온 순박한 사람이었다)를 띠고 있었다. 나는 이곳을 지나 해변가로 좀더 들어가 보았으나 역시 볼만한 풍경은 없었다.

하지만 어렵게 들어왔으니 나갈 일이 걱정되기는 했으나 이런 곳에서 하루 묵고 가면 어떨까하여 길가에 나와있던 중년 남자에게 이곳에 숙박할 만한 곳이 있는지를 물었다. 이 중년 남자는 길 저편에 있는 허름한 2층집을 가리켰는데, 이때 그의 뾰족한 턱과 흐느적거리는 듯한 팔이 동시에 올라가 그곳을 가리키는 우스꽝스런 모습을 보고 다소 긴장이 풀렸으나 여전히 주변 사람들이 신경 쓰였다.

그가 가리킨 집은 유일하게 새로 하얀 수성페인트가 칠해져 있었지만 여관이라는 어떤 표시도 없는 것으로 보아 정식 숙박업소가 아닌 민박할 수 있는 집인 것 같았다.

택시 기사는 내가 숙소를 알아보자 나직한 목소리로 이런 오지에서는 돈 있는 사람이 묵을 만한 곳이 못된다며 걱정스런 표정을 지었다. 그는 덧붙여 말하기를 설사 정식 초대소가 있다고 해도 이렇게 외부와 격리된 곳에서 숙박하는 것은 대단히 위험하다고 강조하였다.

이 충고를 가만히 듣고있기도 멋쩍어 나는 돈 있는 사람도 아니고 이미 이런 오지에서 숙박한 경험이 많다고 대답하였으나 내심 정말 위험할 것 같다는 생각이 들었다.

이곳은 너무 외져있고 유적지의 규모도 작아 문화재관리라는 지방정부의 힘이 여기까지는 미치지 못하고 있는 듯했다.

출발 직전에 오선생이 한 말이 생각났다. 자신은 이 부근에서 웬만한 곳은 다 가 보았지만 그곳은 아직 가보지 못했다며 관광지가 아니라고도 했었다. 나는 그때 관광지가 아니라는 오선생의 말이 너무 의외여서 관광지도를 보여 주었다. 그러자 그는 난처하다는 듯이 오래 전에 만들어진 지도를 아직도 그대로 사용하는 경우가 있어 정확하지 않은 부분이 있다고 했었다.

그동안 전혀 기대하지 않은 곳이라든가 관광지로 개발되지도 않은 곳에서 새로운 경험을 할 수 있어서 여행의 묘미를 더해준 경우도 있었지만 "이곳은 아니다, 의미 없는 위험한 곳에 스스로를 방치하는 것은 어리석은 일이다"라고 생각하며 백용성을 되돌아 나올 수 밖에 없었다. 그리고 이곳 사람들의 눈빛이 유난히 광채가 났던 것은 너무 순박한 사람들이 고립된 환경에서 살다보니 자신들과는 이질적으로 비쳐진 내 모습을 보고 극도의 호기심을 보인 것 같다고 뒤늦게 생각하게 되었다.

사람들도 예상외의 사물이나 이질적인 물체가 나타나면 놀랍고 신기하여 좀더 자세히 보기 위해 광채를 내뿜는 동물적 본능이 있는 것은 아닐까? 마치 밤에 움직이는 동물이 물체를 좀더 자세히 식별하기 위해 빛을 발산하는 것처럼 말이다.

끝없는 대륙 그 구석구석을 찾아서

유령이 출몰할 것 같은 객사

    운남성 따리(大理)는 당·송 시대 남조국(南詔國)과 대리국(大理國)의 수도가 있었던 유서 깊은 작은 도시다.
    특히 창산(蒼山)을 끼고 있는 얼하이(洱海) 호수는 길이 50km, 폭 10km 정도 규모의 담수호로 수질이 좋은데다 이곳 기후가 좋아 무공해 어패류가 풍부하다. 창산 4부 능선쯤에 허리띠를 두른 듯한 16km에 달하는 운유로(雲遊路)는 이 길을 한번 걷는 것만으로도 인간 세상의 모든 시름을 잊기에 충분할 정도로 비경을 이룬다.
    공기가 맑아 10km는 지척같이 보였으며 50km 거리의 맞은 편 호숫가도 시야에 들어올 정도였다. 창산에서 얼하이 호수를 내려다보다가 이 호수 안에 있는 작은 섬 금사도(金梭島)에 들어가 보기로 했다. 이 섬은 석기시대 유물이 출토되었다해서 유명했다.
    이 섬 마을 초입에서 한 노파가 큰 깡통을 들고 다니며 동네 집집

마다 벽 한 귀퉁이에 검붉은 돼지 피(나중에야 알았지만)를 빗자루로 찍어 바르며 내 쪽으로 다가오고 있었다. 주변은 고요했으며 인기척이라고는 없었다. 나로서는 처음 보게된 이 광경이 신기하기도 했지만, 이 노파와 내가 점점 가까운 거리가 됨에 따라 기괴하여 긴장까지 되었다.

〈얼하이 호수〉 중국에서 몇 안되는 청정호수다.

오늘이 단오절이란다. 마을 안쪽 한 모퉁이에서는 동네 사람들이 모여 술과 음식을 먹고 있었는데, 아낙네들은 임시로 걸어놓은 큰 가마솥에서 돼지고기와 닭을 삶아내고 있었으며 다른 한쪽에서는 부침개를 부치고 있었다. 이는 백족(白族)의 전통적인 단오절 행사로써 질병 등 재앙을 쫓고 풍작과 풍어를 비는 주술적인 행사라고 했다.

〈대리 삼탑〉 얼하이 호수 맑은 물에 비친 탑, 뒤로 창산 줄기가 보인다.

이 섬은 한바퀴 돌아보는데 걸어서라면 2~3시간이면 충분해 보였다. 섬 가장자리에서 어부들이 각종 그물을 사용하여 잉어·붕어·새우·우렁이 등을 잡고 있었다. 어부의 아낙들은 조금 따갑지만 기분 좋은 햇볕이 내리쬐는 호숫가 자갈밭에다 촘촘한 그물을 펴고 새우·우렁이·새끼고기 등을 말리고 있었다.

배에다가 대형 그물을 싣고 나가 반 타원형으로 그물을 쳐놓고는 섬 가장자리 자갈밭에서 동력기를 사용해 그물을 끌어당겨 대형잉어를 잡는 모습은 아주 장관이었다.

처놓은 그물의 길이가 500m 가량 되어 보였는데 깊은 곳의 그물 높이는 30m도 넘는다고 했다. 40분쯤 걸려서 끌어올려진 그물 안에서 10~20kg짜리 잉어 10여 마리가 퍼덕대고 있는 모습을 보니 나도 이 어부들과 같이 흥분을 감출 수 없었다.

한 어부는 내가 감탄을 연발하자, 같은 장소에서 매일 이렇게 3~4회를 반복한다고 했다. 그러나 1~2마리밖에 잡히지 않을 때가 많다며 너무 감탄할 것까지는 없다는 듯이 귀띔하고는 매년 어획량이 현저히 줄고 있으며 수질도 나빠지고 있다고 걱정하면서 그래도 봄철 산란기에는 60kg가까이 되는 초대형 잉어가 가끔 잡힌다고 자랑했다.

이 섬은 석회동굴과 석기시대 유적이 있는 곳이어서 이 지역에 관광 온 사람이라면 꼭 들려 보는 섬이지만 대개는 유람선을 타고 잠시 둘러보는 곳이었다.

섬을 한바퀴 돌아본 후, 섬에 도착하자마자 예약한 여관에 들어가 보니 예약을 받았던 60대 후반의 할아버지 외에는 아무도 없었다. 이 할아버지는 무료함을 달래기 위해서인지 입구에 있는 관리실에서 흑백TV를 보고 있었다.

이 여관은 장방형 마당에 동서남북 사방으로 지어진 중국전통 가옥형식인 사합원(四合院) 건물이었는데, 영화·TV역사물에서나 가끔 나오는 그런 집으로 바닥까지 나무로 된 2층 목조건물이었다.

노인에 의해 안내된 방은 2층 201호였는데, 이곳은 단지 잠을 잘 수 있도록 배려한 설계로써 2층 목조침대가 양옆으로 놓여진 외에 다른 시설은 아무 것도 없었다.

심지어 낡은 나무 탁자라든가, 흑백TV 같은 것도 없었다. 노인이 나간 뒤 그다지 밝지 않은 백열등 불 빛 아래서 방을 둘러보니 쥐가 나올 것 같은 예감이 들어 구석구석을 자세히 살펴보았다. 다행히 쥐가 나왔었다거나 나올 만한 흔적은 찾을 수 없었다. 단지 천장과 나무침대 사이로 거미줄이 늘어져 있었다.

군용 매트리스 같이 울퉁불퉁한 매트리스(70년대 중반에는 그랬다, 지금은 어떤지 모르지만)에는 작년 여름 아마 훨씬 그 이전부터 여객(旅客)의 땀이 절어 곰팡이가 핀 듯한 퀴퀴한 냄새가 진동했으나 모기에 대한 어떤 대비도 없어 창문을 열어놓을 수 없었다.

모기도 모기지만 조금 전에 노인이 방을 나가면서 '잘 때는 창문을 모두 걸어 잠그고 자라' 는 당부가 마음에 더 걸렸다.

잠을 청해 보려 했으나 용이하지 않을 것 같아 1층에서 TV를 보고 있는 노인에게 가보았다. 이 객사(客舍) 분위기로 보아 TV보다는 책갈피가 누렇게 변한 《금병매》나 《홍루몽》같은 고전소설을 조용히 보거나, 소리내어 읽어도 무방할 것 같았다.

이 노인은 내가 적적해서 내려왔다고 이내 눈치채고 친절하게 말벗이 되어 주었으나 방언이 섞인 불분명한 발음에다 표준말을 이해하는 수준이 낮았다.

노인은 자신은 여관관리인이고 이 섬에서 태어나 67세가 되었으며, 딸이 둘 있는데 모두 출가하여 이 섬에서 살고 있다 했다.

이곳에는 얼마 전에 생긴 작은 여관이 또 하나 있지만, 관광객 중에서 숙박하는 사람은 거의 없으며 단지 매년 몇 차례 연수 또는 학술 조사 등을 위해 단체로 들어오는 사람들이 며칠씩 묵고 가는 것이 고작이라고 했다.

섬의 밤은 깊지 않았으나 칠흑이 깔리고 인적이 끊어져 고요한 적막이 시작되었다. 나는 노인의 숙소에서 나와 유령이 금방이라도 출몰할 것 같이 음산한 삐걱거리는 2층 침실로 향했다. 그리고 이런 객사(客舍)에서 하룻밤을 보내는 경험은 훗날 생각하면 좋은 추억이 될 것이라고 스스로를 위로하며 잠을 청해 보았다.

그러나 이제는 들어올 때 마을 초입에서 빗자루로 돼지피를 칠하던 노파가 다른 모습이 되어 초여름의 칠흑 같은 밤하늘을 비행하고 있었다.

삼륜 인력거의 편리성

대도시·중소도시를 막론하고 삼륜 인력거 및 삼륜 오토바이가 많다. 가까운 거리 이동은 이것을 이용하면 운임이 저렴하고 편리한 점이 있다. 운임은 그 지역 나름대로의 비공식 가격이 형성되어 있으나 현지사정을 모르는 외지인이다 싶으면 임의로 운임을 요구하여 시비소지가 많은 흠도 있다.

운임은 우선 타기 전에 거리 등을 감안해 결정해야 하는데 보통 중소도시의 경우 택시 요금의 절반 값으로 생각하면 되지만 요구하는 금액은 중구난방이다.

그리고 삼륜 인력거는 사람의 힘으로 움직이므로 속도가 느리고 패달을 힘들게 밟아 대는 인력거꾼의 안쓰러움이 있기 때문에 2km 이상의 거리라면 타지 않는 것이 좋을 것 같다. 삼륜 오토바이라면 5km이내에서 이용해도 무방할 것으로 생각된다.

이를 이용하면 주변 풍경을 감상하며 갈 수 있어서 좋고 천천히 달리므로 거리를 익히는데도 안성맞춤이다.

내가 광서자치구 최남단 해변도시인 베이하이(北海)에서 삼륜 인력거꾼과 요금문제를 놓고 시비가 된 적이 있는데 나는 이후부터 삼륜 인력거를 탈 때 무리한 요구가 아니라고 생각될 정도의 요금이라면 깎지 않고 지불하게 되었다.

이때의 정황을 간단히 소개해보면 다음과 같다.

나는 시내 중심, 북부만광장에서 서남쪽 해변에 있는 망해정까지 삼륜 인력거를 타고 갈 생각으로 인력거꾼들이 모여있는 곳으로 다가갔다. 현지에서 구입한 지도를 보니 3~4km 정도 되는 거리로 보였으나, 택시를 타는 것보다는 인력거를 타고 해변가를 달리는 것이 운치가 있을 것 같아서였다.

한 인력거꾼에게 물으니 10위안을 내라고 한다.

여행이 장기화되면서 어느 새인가 공공요금이 아닌 모든 가격을 절반으로 깎는 습관이 생겨 이때도 무심코 5위안에 가자고 했다. 그러자 이 인력거꾼은 8위안에 가자고 한다. 거의 반사적으로 발길을 돌리는 순간 뒤에서 그렇게 하자는 소리가 들렸다.

나와 요금흥정을 했던 인력거꾼은 옆에 있던 다른 사람의 인력거에 나를 안내했다. 나는 별 생각 없이 그가 가리키는 인력거에 올라탔다.

도착해서 5위안을 건네주자, 이 인력거꾼은 8위안을 내라고 요구한다. 내가 5위안에 오기로 하지 않았느냐고 하니 자신이 언제 5위안에 오기로 했느냐고 언성을 높였다.

이때서야 나는 이들의 속셈을 눈치채고 민망하기도 하여 8위안을 주고 유쾌하지 않은 모습으로 인력거꾼을 돌려보내면서 앞으로는 차라리 인력거는 타지 말아야겠다고 까지 생각했다.

그러나 '인력거꾼 샹즈(祥子)'의 후예들(물론 요즘 인력거꾼들은 이 말에 동의하지 않지만)이 있는 한 더 많이 이용해야 되지 않겠는가 하고 다시 생각하게 되었다.

인력거꾼 샹즈

1939년 발표된 노사(老舍)의 대표작으로 빈농출신 인력거꾼 샹즈(祥子)의 절망적 삶을 통해 가치관의 혼란, 배금주의, 노예근성 등 당시 시대적 모순을 처절하게 고발한 사회소설이다.

당시 북경대 교수로 재직하고 있던 작가 노사(老舍)는 문화혁명와중에 학교 연못에 빠져 자살함으로서 나약한 지식인이 돌파할 수 없었던 혼돈과 절망의 한 시대를 마감했다.

끝없는 대륙, 그 구석구석을 찾아서

실크로드 북쪽 노선 우루무치 가는 길

베이징에서 특급 69 열차를 타고 3700여km를 달려 도착한 우루무치(烏魯木齊). 천산천지(天山天池) 그리고 녹색의 초원에서 한가로이 풀을 뜯는 양떼, 꿀맛 같은 하미과와 포도, 특히 한 여름밤 어느 산자락 초원에서 하늘을 바라보면 유난히 반짝이는 무수한 별 등이 연상되는 낭만이 있는 곳이다.

그래서 유학생들 간에는 한번쯤 꼭 가고싶어 하지만, 거리와 경비가 만만치 않아 접근이 용이하지 않은 곳 중에 하나이다.

이곳을 육로로 찾는다면 지금도 퍽 인내심이 요구되는 길임을 실감할 수 있다. 제일 빠른 열차가 62시간이 소요되고, 보통 열차는 70여 시간이 걸린다고 한다. 차창에 비치는 모습도 대부분 나무 한 그루 없는 회갈색의 건조한 분지·산·구릉이 가까이 왔다가 멀어지기를 반복한다. 시각적으로도 엄청 지루한 노정이다.

어떤 지역은 마치 다른 우주에 떨어져 나온 것이 아닌가하는 착각이 들 정도였다. 삭막한 풍경이 영원히 끝날 것 같지 않는 광막함이 엄습해 오다가도 얼마를 지나다 보면 물이 흐르는 개천이 보인다.

물이 있는 곳은 예외 없이 사람이 모여 살고 있는데, 정말 신기하다 못해 자연의 경이로움을 느끼게 한다. 미국이 아폴로 계획에서 달에 물이 존재할지 모른다고 이곳 저곳을 탐색해 본 것도 이런 연유였는가 보다.

코란을 외우는 웨이우얼족

고대 어느 철학자는 "생명의 근원은 물"이라고 했다. 물이 없으면 산과 대지의 모양과 빛깔이 이렇게 존재하는 것이라고 알려주기라도 하려는 듯이 다시 온통 회갈색으로 변했다.

나는 여행시 대부분 좌석을 이용했는데, 가격도 1등 침대(軟臥)의 3분의1, 2등 침대(硬臥)보다는 절반 수준으로 저렴한데다 바깥 경치를 보고 동승자와 대화하기도 편리하기 때문이었다.

이 여행도 역시 좌석을 이용했는데, 베이징에서 식당을 하는 친척을 도와주다가 집으로 돌아가는 길이라는 젊은 부부와 동석하여 가게 되었다. 이들에게는 15개월이 지난 아기가 있었다. 웨이우얼족(維吾爾族)인 이들 부부는 처음에는 경계심을 늦추지 않았으나 금방 친하게 되었다.

남자는 독실한 이슬람교도로 보였는데 아침저녁으로 코란을 외우며 기도에 열중하곤 했다. 옆에 앉아 가던 다른 동승자는 이 사람이 과연 코란을 읽을 수 있는지 의심이 간다고 나에게 농담을 하기도 했다.

이들 부부의 외모는 왜소한 터키인 같았다. 그 옛날 장안(長安)을 드나들던 서역지방 상인들만큼이나 강인하다는 것을 보여 주기라도 하듯이 4박 5일 동안 달리는 열차에서 아기까지 데리고 잘도 버텨내고 있었다.

그러나 이들도 졸음에는 방법이 없는지 밤중에는 의자 밑 열차바닥으로 내려가 준비해온 얇은 이불을 깔고 아기와 함께 눈을 붙이곤 했다. 덜커덕거리는 열차바닥에서 곤한 잠을 잘 수 있다는 인내심과 강인함은 나에게는 오히려 매우 행복한 가정으로 비쳐졌다.

특히 아기는 울거나 보채지 않는 신통함을 보여 주었는데, 엄마 품에서 가끔 '아빠·아빠' 하고 재잘거리는 모습을 보고 있으니 이 열차가 지금 우리 나라 어느 지방을 달리고 있는 것이 아닌가하는 착각을 하게 만들었다. 아기가 태어나서 맨 처음 할 수 있는 말(소리), '아빠·엄마·맘마·마마'는 세계 공용어란 생각을 했다.

이 아기의 너무 선명한 '아빠'라는 발음에 처음에는 귀를 의심했을 만큼 놀랍고 신기하기도 하여 무슨 뜻인지를 물어보았다. 대답인 즉은, 엄마(母)에 해당한단다. 나는 다소 혼란스러운 가운데 그러면 '엄마'라는 말(소리)은 없느냐고 물으니 아이들이 가까운 사람호칭으로 쓰는 말 중에는 없다고 하였다.

그럼 아버지(父)는 아이들이 어떻게 부르냐고 하니 '아땅'이라고 한다. 아기가 가장 쉽게 그리고 가장 먼저 부르는 '아빠'라는 소리가 웨이우얼족 아이에게는 가장 가까이 있고 젖을 주는 대상으로 굳어진 것 같다는 생각이 들었다.

그리고 보면 언어는 지방, 민족 등에 따라 다르고 시대에 따라 변천되어 왔지만 이 아이가 부른 '아빠'는 그 본래의 의미가 전혀 변질되지 않은 가장 순수한 원시언어로 여겨졌다.

열차 안의 3등급 요리사

장거리를 운행하는 열차를 타다보면 그 소요되는 시간의 지루함만큼이나 식사를 해결하는 문제 또한 용이하지 않다. 특히 혼자 여행하는 사람이라면 더욱 그렇다.

상하이(上海)—우루무치(烏魯木齊) 노선 등 4천km가 훨씬 넘은 노선도 여러 개 있지만 베이징—우루무치 노선의 경우 최소한 열 끼를 차 안에서 먹어야하니 이곳 환경에 어느 정도 적응하지 않은 사람이라면 상당한 곤란을 느낄 것이다.

식사 때가 될 때마다 열차 방송안내원은 식당차 번호와 만들어 팔고 있는 요리, 어느 때는 가격까지 안내하는 열성까지 보였다. 특히 이 열차 식당에는 1·2·3급 요리사로 구성되어 있어 각종 요리를 맛있고 위생적으로 만들어 저렴한 가격에 손님을 모시고 있다고 장황하게 설명하고 있었다.

어느 지방을 달리는 열차나 비슷한 광고내용이지만 내게 생소하게 들린 말은 요리사가 3등급으로 구성되어 있다는 부분이었다. 차라리 이 열차 식당은 1급 요리사가 정성 들여 요리를 만들고 있으니 먹어보도록 권하면 될 것을 굳이 왜 1·2·3 급 요리사가 있다고 강조하는지 나로서는 이해되지 않았다.

그동안 열차에서의 식사는 대부분 허판(合飯)이라는 일종의 도시락으로 해결했다. 이는 서너 가지 반찬을 밥에 얹혀주는 것인데 혼자 여행하는 사람에게는 밥 한 공기와 반찬 서너 가지를 동시에 즐길 수 있고 식당까지 가서 먹는 번거로움도 없으며 가격도 열차 식당의 음식보다 2~3배 싸게 먹을 수 있는 등 장점이 있다.

이날 도시락을 사서 3분의1 정도 먹고 있을 때 밥에서 나왔는지 반찬에서 나왔는지 모르지만(먹다보면 밥과 반찬이 섞여지므로) 파리 한 마리가 나왔다. 여행 중 여러 번 목격한 일이지만 중국 사람들은 이 경우 미간을 약간 찌푸리며 뭐라고 한 마디 중얼거린 후 조용히 그 것을 골라내고는 계속해서 먹는데 다시 한 입을 먹자마자 찡그린 얼굴은 온데간데 없다.

내게는 아직까지 이 곤충만 골라내고 다시 먹을 수 있는 비위는 생기지 않았다. 생각하니 이제 이런 환경을 적응해 가는 과도기쯤 되는 것 같다. 파리가 나왔을 때 조용히 젓가락을 놓고 '이 음식은 아마 3급 요리사가 만든 것일 거야' 라고 생각한 후 이미 먹은 음식에 대해서는 거북하지 않게 소화시킬 수 있는 경지에 이르렀으니 말이다.

스벤 헤딘의 실크로드

스벤 헤딘(스웨덴, 실크로드 저자)은 1933년 철도는 고사하고 자동차 길도 없을 당시 장지에스(將介石) 국민당 정부로부터 도로 건설을 위한 깐수·신장지역 답사를 의뢰받고 그 옛날 실크로드 흔적을 따라 탐사에 나섰다.

그는 이 탐사를 마치고 "이 지역을 관통하는 새로운 자동차 도로의 건설이 성공한다면 이것은 분명히 대륙의 역사에 위대한 한 페이지를 장식하는 것이다"라고 말함으로 이 길에 대한 의미를 부여했다.

당시 소련은 이미 신장지역 국경까지 도로를 건설하여 무역을 하고 있었는데, 중국은 여전히 낙타를 이용하고 있었다.

오늘날 신장 자치구 사람들은 더 나은 수입을 올리기 위해 그 후 공산당 정권이 건설한 새로운 실크로드(철도와 포장국도)를 타고 상대적으로 상·공업 활동이 활발한 서안·북경·천진 그리고 더 멀리는 상해·광동 등으로 진출하고 있다.

하지만 스벤 헤딘이 말한 이 새로운 실크로드는 언제 다시 부활하여 제 몫을 다시 할 지 알 수 없는 것이 역사의 아이러니로 느껴진다.

앞에서도 말했지만 이 지역을 철도 또는 국도로 이동하다보면 건조하고 메마른 분지, 고원 등이 전부인 것처럼 보인다. 그러나 그 길로부터 얼마간 벗어나면 광활한 초원이나 농경지가 곳곳에 산재해 있다. 그리고 쓸모 없는 땅이라고 여겨지는 메마른 분지 곳곳에는 석유 채굴기가 쉴새 없이 펌프질하고 있었다.

중국 전 국토의 6분의 1을 차지하고 있는 신장자치구의 질량적 규모(96년 통계)를 보면 총 인구 1,689만 명으로 면적에 비해 인구밀도는 낮은 편이지만 물이 없어서 사람이 살기에 부적합한 지역을 제외하면 동남부연해의 인구밀집지역 인구밀도와 비슷한 수준이다.

이 지역은 강수량이 턱없이 모자라 아주 건조한 모래 바람이 많아 옛날부터 이곳 사람들은 바람에 날리는 모래로부터 눈을 보호했다. 특히 투루판(吐魯番)은 일년 내내 모래 바람과 싸워 왔다고 한다.

1300여 년 전 당나라 때 동(銅)으로 만든 눈가리개가 발명되었다고 한다. 당시 무덤에서 출토된 시신(屍身)은 예외 없이 안조(眼罩)라고 불리는 눈가리개를 쓰고 있었다.

56개 민족 중 47개 민족이 이 지역에 분포돼 있어 제일 많은 수의 민족이 살고 있는 고장이기도 하다.

하천 유수량은 884억㎥로 전국 하천 유수량의 3%에 불과하다고 한다. 한편 많은 광산과 풍부한 광물은 이 지역 경제에 빼놓을 수 없는 중요한 몫을 차지하고 있다.

특히 석유 매장량은 정확히 알 수 없으나 94년 말까지 탐사한 결

〈고창 황토 고성〉

과 19억톤이 되는 것으로 확인되어 이 지역은 중국 4대 유전지대 중에 하나이다.

오지로서 교통의 불편함 때문에 외국인 투자나 자체생산 설비도 소규모에 그치고 있지만 관광지구로 개발하는데는 이점이 많은 지역이다. 고속철도의 시대가 온다면 베이징에서 우루무치까지 15시간정도 소요될 것이니 기대해 볼 일이다.

특기할 만한 사항은 여러 난제가 있을 것이나 양자강 등 남쪽의 풍부한 물을 서북부 사막지대로 끌어올리는 장기계획이 논의된 적이 있다고 한다.

역사적으로 인구 1억이 넘지 않았을 때 만리장성을 축조하고 2천 2백년 전에 이미 미국 파나마운하와 같은 계단식 운하를 건설한 나라이고 보면 풍부한 인력을 바탕으로 재정문제만 어느 정도 해결된다면 이 일은 그렇게 무리한 일이 아닌 것 같다.

끝없는 대륙, 그 구석구석을 찾아서

어느 목동의 휘파람 소리

신장자치구 천산 산맥 남산자락과 내몽고 일부지역 초원을 돌아볼 때 나는 목축업을 하는 사람들 중에도 부유층, 중산층, 빈민층이 있다는 너무나 당연한 사실을 생각해 보지 못한 채 막연히 유목민들의 삶과 애환이 담긴 TV 방송 등 영상매체에서 본 낭만적인 기억만으로 이들에게 다가갔다.

이때 관광지로 개발된 목장을 보고 너무 싱거워 무의미하다는 생각에 좀더 안쪽으로 들어가 보기 위해 하루 세 차례 운행한다는 버스를 타고 2시간 가량 달려 어느 작은 마을에서 하차했다.

그곳도 여전히 천산 산맥의 일부였지만 대단위 목장이 눈에 들어와 이곳을 들어가 볼 생각으로 산자락 초입에 있는 목초더미와 양·말·소의 우리를 지나던 중 무서운 개가 금방이라도 뛰어나올 것만 같아 이내 포기하고 버스길을 따라 이 목장지역을 벗어나 다시 2시간쯤 걸었다.

덧붙여 내가 중국에서 개에게 노이로제가 걸리다시피 한 것은 이러한 이유에서이다.

운남성 어느 강가를 걷다가 양어장이 밀집되어 있는 지역으로 길을 잘못들어 다소 허둥대며 우회로를 찾던 중이었는데, 그곳에 마치 우리나라 시골에서 흔히 보던 참외, 수박밭을 지키는 원두막 같은 작은 집이 있었다. 설마 그곳에 그렇게 크고 무시무시하게 생긴 불독이 있으리라고는 상상도 못하고 무심코 그 앞을 지나치고 있었다.

〈천산산맥〉

송아지만큼 큰 개가 너무나 순간적으로 내 우측 측면으로 뛰어 올랐다. 아무런 경고음도 없이 아마 그렇게 훈련된 것 같았다.

〈천산산맥 자락 산촌 풍경〉

이어 개의 목에 맨 육중한 쇠사슬에서 나는 툭하는 둔탁한 소리와 함께 맹렬히 나를 향해 솟구쳐 오른 불독은 쇠사슬의 반작용으로 다시 쿵하는 소리를 내며 땅에 떨어졌다.

나는 중심을 잃고 거의 쓰러질 뻔하다가 겨우 몇 발짝 물러났다. 기가 질려 이 개를 황당하게 쳐다보고 있는 순간 이 소리를 듣고 뛰쳐나온 주인이 이 개를 진정시킬 때까지도 나는 내 정신이 아니었다.

반사적으로 오던 길로 되돌아서 저만큼 가고 있을 때 뒤에서 그 주인이 뭐라고 큰소리로 울부짖듯이 외쳤는데, 귓전에서 웽웽거리는 소리밖에 들리지 않았다.

후들거리는 다리를 끌고 한참이나 되돌아 나와서야 온몸이 땀에 흠뻑 젖어 있음을 알았다. 쇠사슬이 조금만 길었다거나 더구나 쇠사슬이 끊어지기라도 했더라면 하고 생각하니 소름이 끼쳤다. 그곳은 사실 외지인이 들어갈 만한 곳이 아니었다.

각설하고 9월 말 천산 자락의 초원은 이미 푸른빛을 잃어 가고 있었다. 이곳은 앞에서 본 다른 곳에 비해 풀이 성글게 자랐던 흔적으로 보아 메마른 땅인 것 같다.

산밑 구릉지로 올라가 보니 거기에는 까맣게 그을린 유난히 긴 얼굴을 가진 젊은 목동이 양 300여 마리를 몰고 석양이 뉘엿뉘엿한 구릉을 타고 있었다.

"휘잇-쓰잇" 내가 듣기에 이와 비슷한 소리였는데, 이는 양을 모는 소리였다. 목동은 표준말이 서툴러 단어 하나 하나를 몇 번이나 반복해서 대화를 풀어 나가야 하는 어려움이 있었다.

"휘잇-쓰잇" 입천장과 혀에 부딪혔다가 이사이로 빠르게 새어나오는 이 소리는 마치 매가 바람을 가르며 날쌔게 먹이를 챌 때 나는 소리와도 비슷했고 버드나무가지를 빠르게 휘둘렀을 때 공기저항을 받아 나는 소리와도 흡사했다.

양들은 이 소리를 듣고 스스로 위치를 둘러보고 무리에서 벗어나 있으면 재빨리 따라가는 등 보조를 맞추며 풀을 뜯고 있었다. 목축업에 종사하는 사람들이 부유층·중산층·빈민층을 구분하는 척도를 보면, 부유층이라면 1만 마리 이상의 양에다 수백 필의 말 그리고 그만한 수의 소를, 중산층은 1천 마리 이상의 양과 수십 필의 말, 또 그만한 수의 소를, 빈민층은 수백 마리의 양과 몇 필의 말 그리고 몇 두의 소를 가지고 있는 사람이다.

이 목동은 고작 300여 마리의 양을 가지고 있었으니 가난한 목동 중에서도 낮은 정도에 속해 있는 셈이었다. 그러나 "휘잇-쓰잇" 하는 휘파람 소리와 저녁 노을에 물든 검붉은 얼굴에 평화로움이 가득 들어 있었고 양을 몰고 가는 모습에서는 만족감과 안정감을 느낄 수 있었다.

그 옛날 수시로 침입해 온 이민족에게 수십만 마리의 양과 수만 마리의 말과 소를 전리품으로 내준 이들 조상이 겪은 뼈아픈 역사를 통해 저절로 승화된 것이 아닐까 생각해 보았다.

끝없는 대륙, 그 구석구석을 찾아서

내몽고 초원에서 자란 청년

　내·외국인 모두 흔히 찾는 내몽고 초원관광은 북경에서 가깝고, 교통이 편리한 내몽고 수도 후허하오터(呼和浩特)에서 관광버스로 3시간 정도 거리에 위치해 있으며, 정책적으로 관광코스로 개발된 곳을 각본에 따라 보게 된다.

　이곳을 둘러보고 북경으로 돌아오던 열차에서 건장하게 생긴 몽고청년과 동석하게 되었다. 이 청년은 방금 플랫폼까지 환송 나온 친구 몇 명과 각별한 이별장면을 연출했다. 내가 조금 먼저 열차에 올랐는데, 바로 창문 밖에서 젊은 청년 4~5명이 웅성거리는 모습이 하도 요란하여 이들을 지켜보았었다. 이 청년은 열차가 발차하여 배웅 나온 친구들이 보이지 않게 되고도 한참이 지난 뒤에야 흥분을 가라앉히고 차분한 자세가 되는 듯 했다.

　이때서야 주변도 둘러보고 짐 정리도 하며 세 사람이 앉아 가는 자리라는 것도 깨닫는 듯했다.

　12시간 정도 달리는 열차에서 대화상대가 될만한 사람과 한 자리에 앉아갈 수 있다는 것은 여행자에게는 큰 행운이 아닐 수 없다. 내가 초원관광을 마치고 북경으로 돌아가는 길이라고 하자, 내몽고지역에서 볼만한 초원으로는 하이라얼(海拉爾)시 부근에 있는 후룬패이얼(呼倫貝爾) 초원과 자신이 현재 살고 있는 시린하오터(錫林浩特)시 부근에 있는 시린꿔러(錫林郭勒) 초원이라고 했다. 주변 경관은 후룬패이얼 초원이 최고라고 했지만, 지도를 보니 하얼빈에서 열차로 30시간 가까이 달려야 하는 변방 오지였다.

　이렇게 초원에 관한 얘기로 시작된 대화는 몇 시간이나 계속되었는데 자신은 목장관리분야의 공직에 있는 부친을 따라 여러 곳으로 이사를 다니다 보니, 초등·중등·대학교를 모두 다른 지역에서 공부하게 되었다고 했다. 대학은 올해 몽고의학과를 졸업하고 지금 일본으로 유학을 떠나는 길이라고 했다.

　이 학생은 중의(中醫)라고 하지 않고 몽의(蒙醫)라고 강조했다. 어느 나라 사람이든지 외국인 앞에서는 애국자가 아닌 사람이 어디 있으며 외국에 나가면 모두 애국자가 된다는 말도 있지만, 이 청년은 내몽고자치구에 사는 몽고인으로서 몽고인의 강인함에다 건전한 생각과 예절까지 갖춘 보기 드문 청년으로 배울 점이 많았다.

　자치구 수도 후허하오터시 이외에 주요 10개 시(市)에 대해 하나하나 소개하는 열성을 보였으며 자기 고유의 언어에 대해서도 자세한 설명이 있었는데 자음·모음의 결합과 발음이 한글과 너무 비슷하다는데 놀랐다. 그리고 문화방면의 이해가 높았고 애국·애족적인 혈기왕성한 청년이었다.

일본에 가서 뜻한 바를 성취하고 돌아오기를 바라는 주푸(祝福)의 내용 몇 자를 적어주는 것으로 작별을 대신했다.

황허의 봄 홍수

삼황(三皇) 오제(五帝)에 이어 하·은·주 등 중국 고대문명의 발상지가 된 황허유역, 그래서 중국을 말할 때 이 강은 빼놓을 수 없는 중요한 역사적·지리적 위치를 차지한다.

우(禹)는 순제 때 등용되어 각고의 노력으로 황허 치수사업을 성공시키고 천자의 자리까지 물려받았다.

우(禹)는 부친 곤(鯤)에 이어 치수사업을 위해 13년간 황허유역을 동분서주할 당시 자신의 집 앞을 세 차례나 지나치면서도 집에 들리지 않았다는 이야기로도 유명하다. 부친의 치수방법은 주로 둑을 높이는 것이었으나 아들 우는 물길을 곧게 터서 바다로 빨리 흘러가도록 하는 방법을 병행함으로써 치수사업을 성공시켰다.

황허중류의 고대도시가 범람으로 흔적도 없이 사라졌다는 역사적 기록은 수 천년이 지난 지금 도도히 흐르는 급류를 보면 짐작이

가고도 남는다. 그 옛날 이 강의 줄기가 수시로 변했다는 흔적은 상류에 해당하는 란조우(蘭州) 시내에 있는 백탑산(白塔山)의 눈에 띄는 지질형태에서도 짐작할 수 있었다.

황허(黃河)강은 중국 서부에 있는 칭하이성(靑海省) 중남부 지역을 발원지로 하여 5,400km를 굽이돌아 산동반도 부근 황해로 흘러 들어간다. 이 강은 '황허 제1대교'가 있는 곳으로 유명한 깐수성(甘肅省) 수도 란조우를 끼고 흐르다가 내몽고 지역으로 북상한 후에 내몽고자치구 수도 후허하오터(呼和浩特)를 향해 동진한다. 다시 산서성과 섬서성의 성(省)경계를 이루어 남하한 뒤 허난성(河南省) 수도 정조우(鄭州)와 산동성(山東省) 수도 지난(濟南)을 차례로 경유하게 된다.

내몽고 지역으로 북상한 황허 급류는 영하 20℃를 오르내리는 한겨울동안 얼음 층으로 점점 두껍게 쌓여간다. 따라서 얼음 층 밑바닥, 물이 흐르는 강폭은 얼음의 두께와 반비례하여 좁아만 간다. 곧바로 흘러가야 할 물이 저장되는 셈이다.

바야흐로 내몽고 지역을 흐르는 얼어붙은 400여km의 황허에도 만물이 소생하는 봄은 어김없이 찾아오게 되는데, 이곳보다 남쪽에 있는 상류 강바닥부터 해빙기를 맞는다.

여기에 겨울동안 산과 들에 내린 눈과 꽁꽁 얼어붙은 대지가 한꺼번에 녹아 내리면서 불어난 강물은 아직도 풀리지 않은 내몽고 지역의 얼어붙은 강바닥만 높여주게 되어 급기야는 강이 범람하기에 이르는 것이다.

이것이 이른바 봄 홍수이고, 이곳 사람들은 릉신(凌汛)이라고 일컫는데 여름 홍수보다 더 골치 아픈 재해로 여겼다.

이른 봄철 논밭이 배수가 잘되지 않으면 농작물은 뿌리가 상해서 죽게 되며 새로 작물을 심을 수 없기 때문이다. 이래서 강가에 사는 사람들은 매년 해빙기가 되면 서둘러서 얼음을 깨는 일에 매달려야 한다.

끝없는 대륙, 그 구석구석을 찾아서

두보 초당의 빛바랜 고즈넉함

쓰촨성(四川省) 청두(成都) 외곽에 위치한 두보초당(杜甫草堂)은 주변의 도시 정비사업으로 초입부터 혼란스럽게 만들었다. 어느 도시를 가든지 대부분 회색 빛 거리와 오염된 환경은 이 도시를 빨리 탈출하는 것이 상책이라고 생각하게 만들었는데 이곳도 예외가 아니었다.

고등학교시절 고문시간에 만났던 두보의 우국충정의 혼(魂)이 아직 이곳에 머물고 있다면 초당 주변을 휘도는 퀴퀴한 냄새를 풍기는 시커먼 개천을 보고 전화(戰禍)나 오랑캐의 걱정보다 더 상심했을 것 같다.

이곳에 들린 때는 11월 하순으로 을씨년스런 계절적인 요인에다 경제위기가 한참이던 때라 여행객이 대폭 줄어든 이유도 있었겠지만 쑤저우에서 일본인 단체여행객 몇 팀을 마주친 것을 빼면 두 달

〈두보 초당〉 당나라 때 시인이며 우국지사로 우리에게도 잘 알려진 두보(712~770)의 소박한 초당

가까이 우리와 피부색이 비슷한 동양권 외지 관광객은 어디에서도 만나지 못했다.

하기는 한국인들의 중국여행코스는 너무 틀에 박힌 코스여서 중서부 오지에 가까운 이곳 초당은 쉽게 발을 들여놓을 수 있는 곳이 못된다. 관광지로서의 위치나 교통 등이 좋은 곳이 아닌데다, 흔히 우리 나라 사람들이 생각하고 있는 그런 유명관광지도 아니기 때문이다.

그러나 서구관광객들은 끊이지 않고 이곳을 찾고 있었는데, 아마 이것은 서구인들과 우리들의 사고(思考)의 차이가 아닌가 싶었다.

우리는 그동안 먹고 입고 마시는 문화에서는 서구의 그것들과 비슷해졌지만 우리가 정작 본받을 만한 그들의 사고방식은 아직도 받아들이지 못하고 있다고 느껴졌다.

우리에게는 중국 어느 왕조의 장엄한 건축물과 광활한 자연물이 있는 어디 어디를 봐야 관광목적이 달성되고 훗날 많은 얘기 거리가 생긴 양하는 관광 필수코스가 있다.

물론 서구인들도 빡빡한 일정이다 보면 여행 필수코스라는 것이 있을 것이다. 그러나 우리의 생각과는 거리가 있는 듯했다.

어떤 생각이 반드시 좋다 나쁘다가 아니라, 이들의 사고와 행동에는 여유가 있었고 관조하는 자세가 있었으며, 성급함이나 시끌벅적함은 조금도 찾아 볼 수 없었다.

그래서 두보 초당이 서구인들에게 더 잘 어울리는 관광코스가 되었는지 모르겠다.

해남성 바닷가 여족 아이들

하이난성(海南省)은 23개 성구(省區) 중에서 가장 작은 성(省)으로 남한의 3분의 1 정도이고 인구는 약 700만 명인데 한겨울에도 낮 기온은 25℃를 웃돌아 중국에서 유일하게 겨울철에 해수욕을 즐길 수 있는 곳이기도 하다.

3월 중순 북해시(北海市)에서 12시간 정도 여객선을 타고 이 성의 최북단에 위치해 있으며 성의 수도이기도한 하이커우(海口)에 도착했다.

배를 타고 오던 중에 한 청년을 만났다. 이씨 성을 가진 이 청년은 전문대학을 졸업한 후 청두(成都)에 있는 국영농약공장에서 7년간 직공으로 일해 왔는데 97년 하반기부터 불어닥친 인원감축계획에 따라 얼마 전에 일자리를 잃은 샤깡즈꿍(下崗職工)이라며 구직하기 위해 하이커우에 간다고 자신을 소개했다.

나는 이 청년을 통해 중국도 실업자가 속출하고 있음을 처음으로 실감할 수 있었다.

하이커우에서 이 섬 최남단에 위치한 산야(山亞)로 바로 내려가려다가 중간에 하차하여 펑지아완사탄(馮家灣沙灘)으로 들어갔다. 이 해변은 아직 개발되지 않아 한적했으나 야자나무숲 사이로 보이는 바닷물은 유난히 파란 남색을 띄고 있어 남태평양 어느 산호섬을 연상하게 했다.

해변가 멀지 않은 곳에서 소형 어선 한 척이 다이너마이트를 이용해 고기를 잡고 있었는데, 간간이 배 주변에서 물기둥이 솟아 오르고 있었다. 이때 주변에 있던 고기가 이 충격에 놀라 하얀 배를 드러내고 수면 위로 떠오르면 망으로 건져 올리면 된단다. 얼마 전에는 강이나 호수에서도 이 방법으로 고기를 잡았으나 지금은 금지된 사항으로 이 어부는 불법어로를 하고 있는 셈이었다.

우리나라 서해안 모래 갯벌에서 오염관계로 이미 사라진지 오래된 노란 꽃무늬 부채게가 모래 속에 묻혀 있다가 작은 파도에 몸이 드러나면 얼른 모래 속으로 몸을 다시 감추기를 반복하고 있는 모습을 보고 있는데, 다이너마이트로 고기를 잡고있는 어선 쪽에서 길이가 50㎝정도 되는 침구어 한 마리가 떠밀려 왔다.

산야로 내려가기 위해 치웅하이(瓊海)로 다시 나와 버스를 탔다. 이곳에서 산야까지는 130km로 2시간 30분 걸린다던 버스는 1시간을 더 달려 3시간 30분만에 도착했다. 이 버스는 대부분 구간이 1차선으로 된 말뿐인 고속도로를 달리면서 20km정도마다 도로를 빠

〈산야시 전경〉 해남도 남쪽도시로 깨끗한 바닷물과 모래사장을 자랑한다.

져나가 시골 마을에 들러 승하차를 계속했다.(참고로 산야에서 하이커우로 되돌아 갈 때는 거리가 200km인데, 직행버스로 같은 길을 달려 2시간 10분만에 도착했다)

3월 중순인데 벌써 열대야가 시작되어 에어컨이 가동되지 않는 숙소에서는 잠을 청하기가 어려웠다.

산야시내가 한눈에 내려다보이는 루회이터우(鹿回頭) 공원에서 내려와 근처 해변을 둘러보고 있는데 해변가 숲 속에서 5명의 아이들이 내 쪽으로 다가와 외지에서 온 사람임을 알아차리고 배를 태워 주변을 관광시켜 주겠다며 부산스럽게 뒤를 따라붙었다. 주변에는 유람선도 눈에 띄지 않는데 무슨 배냐고 물으니 이 아이들은 해변가에 매어놓은 소형 목선을 가리키며 자신들이 직접 저 배를 젓는다는 시늉을 한다.

이 아이들은 중학교에 다닐 정도의 나이로 보였는데 한 아이는 초등학교 3~4학년으로 보였다. 내가 시큰둥한 반응을 보이자 이번에는 숙소를 안내해 주겠다, 또 어떤 아이는 식당을 안내해 주겠다며 뉴욕 어느 빈민가의 흑인 소년처럼 잔돈 몇 푼을 챙기려고 서로 경쟁적으로 검은 눈을 굴리고 있었다.

이 아이들의 부모는 대대로 이곳 해변가 숲 속에서 고기잡이와 밭농사를 겸하며 살아온 소수민족인 여족(黎族)이었는데, 얼마 전 이곳이 관광지로 개발되면서 학교에 가야할 아이들까지 돈벌이에 나서고 있었던 것이다.

영화같은 송별장면

친구와의 약속은 반드시 지키고 의리를 저버리지 않는다. 친구 일은 자신의 일같이 생각하고, 친구를 위해서라면 물 속 아니 그보다 더한 불 속이라도 뛰어 들겠다.

어느 고사의 얘기가 아니다. 젊은이들은 이렇게 친구와의 우정과 의리를 중시한다. 학교를 마치고 각박한 현실세계로 뛰어들어서도 이런 의리와 우정이 지속되는지는 의문이지만….

20대 초 중반의 젊은이들이 취업하여 다른 성(省)으로 갈 때나 고향으로 돌아갈 때, 특히 유학을 떠날 때 그들의 송별장면은 너무 감동적이고 숭고하게 보이기까지 했다.

국토가 광활하여 졸업하고 헤어지면 언제 다시 만날지 기약할 수 없는 현실이 이렇게 감동적이고 각별한 송별장면을 연출하도록 만들었는지도 모르지만, 아무튼 그 현장을 보면 과거 어떤 신파극도

따를 수 없는 가슴 찡한 감동이 있다.
　천진 공항에서 러시아로 유학을 떠나는 한 남학생과 그의 친구 5～6명 사이에서 벌어진 송별장면은 오랫동안 내 기억에 남았다. 물론 가족으로 보이는 사람도 몇 명 나와 있었으나 가족은 언제라도 볼 수 있다는 생각에서인지 뒷전으로 하고 어디까지나 친구들이 주연이 되었다.
　출국시간이 다 되었다고 출국심사대로 들어가라는 친구들과 마지막까지 못내 아쉬운 이별의 포옹을 하고 눈시울을 붉히며 한 마디씩 주고받는다. 이러다가 출국도 못하는 것은 아닌지…. 부친이 저만치에서 초조한 마음으로 이들을 지켜보고 있을 뿐이다. 더이상 서로 얼굴보기가 민망할 정도의 감정이 되어 환송 나온 친구들이 안되겠다 싶었는지 대합실을 빠져 나간다.
　떠나는 친구는 출국심사대로 향하려다 그래도 아쉬운지 대합실을 다시 빠져 나와 친구들이 광장 저쪽으로 되돌아가는 모습을 물끄러미 바라본다. 돌아가던 친구들도 못내 아쉬웠는지 대합실 출입구 쪽을 바라본다. 아직도 출국심사대로 들어가지 않고 돌아가는 자신들을 보고있는 친구를 향해 손을 흔든다. 그렇게 한참이나 서로 바라보다가 친구들은 다시 안되겠다 싶었는지 타고 온 승합차에 모두 탄다.
　환송 나온 친구들이 보이지 않게 되자 그제야 출국심사대로 향한다.
　기차역에서의 송별장면도 빈번하게 목격된다. 특히 대학생으로 보이는 젊은이들의 송별장면은 공항에서의 송별장면과 크게 다르지 않았다.

지금 이들은 그 옛날 춘추전국(春秋戰國)시대 손빈(孫臏)과 방연(龐涓)의 고사를 떠올리고 친구를 시기하거나 배신하는 마음을 경계(警戒)하는 교훈으로 삼고 있는지도 모른다.

외래어 음역의 한계성

어느 나라든지 외래어를 자기 나라 말로 음역해서 사용하는데는 한계가 있을 것이다. 다음은 대도시 길거리에서 자주 볼 수 있는 것으로써 외래어를 한자어로 음역해서 표기한 것이다.

괄호 속의 병음표기로 읽어보고 무엇을 뜻하는지 맞추어보자! 중국어를 배우지 않았거나 중국에 가보지 않은 사람도 잘 생각하면 몇 개 정도는 맞출 수 있을 것이다.

병음기호 알파벳 'e'는 'ㅓ' 발음에 가깝고 'i'는 'sh' 나 's' 다음에서는 'ㅡ'로 그 외는 'ㅣ'로 발음한다. 즉 Baishikele는 바이스커러, Qiaokeli는 치아오커리 라고 소리내야 중국발음에 가깝다.

①可口可樂(Kekoukele)　　②肯德基(Kendeji)
③漢堡包(Hanbaobao)　　④卡樂OK(KaleOK)

⑤巧克力(Qiaokeli)　　　　⑥貝多芬(Beiduofen)
⑦查特萊夫人(Chatelaifuren)　⑧麥當勞(Maidanglao)
⑨的士(Dishi)　　　　　　⑩麥氏(Maishi)
⑪巴士(Bashi)　　　　　　⑫勞力士(Laolishi)
⑬百事可樂(Baishikele)　　　⑭巴黎(Bali)
⑮撲克(Puke)　　　　　　⑯咖啡(Kafei)
⑰咖哩(Kali)　　　　　　　⑱家樂富(Jialefu)
⑲沙發(Shafa)　　　　　　⑳威尼斯(Weinisi)

〈답〉

①可口可樂:코카콜라　　　②肯德基:켄터키치킨
③漢堡包:햄버거　　　　　④卡樂OK:가라오케
⑤巧克力:쵸코렛　　　　　⑥貝多芬:베토벤
⑦查特萊夫人:채털리부인　　⑧麥當勞:맥도날드
⑨的士:택시　　　　　　　⑩麥氏:맥심(커피)
⑪巴士:버스　　　　　　　⑫勞力士:로렉스(시계)
⑬百事可樂:펩시콜라　　　⑭巴黎:파리(도시 이름)
⑮撲克:포커　　　　　　　⑯咖啡:커피
⑰咖哩:커리(카레)　　　　⑱家樂富:까르푸(할인매장)
⑲沙發:소파(의자)　　　　⑳威尼斯:베니스

코카콜라(可口可樂)는 역시 중국 젊은이의 구미에도 맞는지 어디를 가나 애용되는 음료다. 그리고 코카콜라 음역인 可口可樂 만큼 원음에 가까우면서 재미있는 것이 있을까? '마시면 가히 입이 즐겁다' 라는 의미쯤 되니 말이다.

이외 巧克力·咖啡·百事可樂도 재미있다. 여기에 해당되지는 않지만 아이스크림을 일컫는 雪糕(Xuegao)는 이미 방언으로 존재하는 말을 통용어로 삼은 경우이다. 家樂富(까르푸)에서 물건을 많이 살 수 있다면 '가정이 즐겁고 풍부해질 것' 이나 문제는 다른 곳에 있었다.

외래어를 뜻글자인 한자로 음역해서 사용하다보니 의미가 잘 통하지 않는다. 더구나 뜻글자이다 보니 음이 풍부하지 못하고 또 그 속에서 의미도 고려해야 하기 때문에 음이 비슷하다고 해서 아무 글자나 차용할 수 없는 어려움이 있었다. 그래서 내국인이나 외국인 모두가 서로 불편하다.

라싸에 파견된 관리와 청년

티베트고원, 불교사원, 달라이라마, 분리독립, 소외지역 등 우리 눈과 귀에도 익어 이런 단어들이 쉽게 연상되는 시장(西藏) 자치구, 그리고 자치구 수도 라싸. 7C 중엽 이 지역 각 부족을 통합하여 중앙 집권적 노예제 정권인 투판(土番) 왕국을 건립한 송짠깐뿌(松贊干布)는 당(唐)나라 왕실에 여러 차례 구혼(求婚)했으나 거절당하다가 641년 마침내 당태종 이세민의 딸 문성(文成)공주를 취하게 된다. 이후 츠따이주딴(尺帶珠丹)왕도 당나라 중종의 딸 금성(金城)공주와 결혼하는 등 당나라 왕실은 투판국왕과의 정략적 결혼을 통해 부마국으로 관리하려한 역사적 흔적이 있었다.

송(宋)·원(元)·명(明)나라를 거치면서도 많은 곡절이 있었으나 현재의 시장자치구 행정영역과 같이 통치권을 확장한 시기는 청(淸)나라 초기였다.

중국 공산당정권은 59년 달라이 라마가 인도로 망명하는 사건과 티베트 분리독립 문제가 지속적으로 불거져 나오면서 급기야는 62년 인도와의 무력 충돌에 이어 65

《송짠깐뿌 소상(좌)과 문성공주(우)》 문성공주는 당태종의 수양딸이다. 토번국왕 송짠깐뿌가 수차에 걸쳐 국경까지 침범하면서 당나라에 청혼하자 당태종은 정략적으로 결혼을 수락했다.

년 인민해방군을 이 지역에 무력 진주시켜 한족(漢族)을 이주시키고 현지인을 동화시키기 위해 강온책을 병행하면서 소수민족자치구로 편입시키기에 이른다.

현재 중국정부는 이같은 행정자치구에 대한 최대한의 자치권(自治權)을 보장한다고는 하지만 근본적으로 이들의 욕구를 충족시키기에는 역부족인 것 같다.

중국정부 입장에서 보면 소수민족의 욕구충족은 바로 분리독립을 뜻하는 것이므로 이들간의 갈등문제는 쉽게 진전되기 힘든 문제로 보였다.

소수민족과 한족 중앙정부와의 갈등이 어느 정도 심각한가를 가늠해 볼 수 있는 작은 일이 청두(成都)에서 베이징(北京)까지 달리는 열차 안에서 벌어져 여기에 소개해 본다.

청두에서 부터 50대 초반으로 보이는 중년 남자와 20대 후반으로 보이는 청년과 동석하게 되었다. 처음 이 2사람의 대화는 당시 뉴스였던 미국 클린턴 대통령의 중국방문에 관한 얘기에서 자연스럽게 출발했으나 급기야는 시장자치구 분리 독립문제 등 내가 듣기에도 상당히 미묘한 정치적 문제까지 거론되어 서로 열을 올리며 논쟁을 하게 되었다.

논쟁이 끝나고서야 안 사실이지만 50대 남자는 한족 출신으로 정부에서 시장자치구 수도 라싸에 파견되어 근무하고 있는 관리였으며, 20대 청년은 장족(藏族) 출신으로 라싸에서 베이징으로 취업하기 위해 가는 사람이었다.

2사람 모두 라싸에서 청두까지 2천km가 넘는 공로(公路)를 버스를 타고 와서 베이징으로 가기 위해 열차를 탄 것이었다.

청년 : 이번 클린턴 미국 대통령이 중국 방문 때 시장자치구에 들리겠다고 했었는데 중앙정부는 왜 이를 막았는가?

중년 : 미국은 신 패권주의 나라이다. 자국 이익만을 위해 지금도 다른 나라를 무력으로 침공(이라크 침공을 말하는 듯)하고 있고 경제식민지정책을 펴면서 사사건건 내정간섭을 하고 있지 않은가? 이번 미국 대통령의 시장자치구 방문의도가 뻔하다. 소수민족을 부추켜 분리독립을 선언하게 하려는 속셈이 아니고 무엇이겠는가? 정부가 이런 사람을 방문하지 못하도록 하는 것은 주권대국으로서

당연한 권리이다.

청년 : 중앙정부는 자치구민을 제대로 도와주지 못하면서 경제적으로 혜택을 주려는 미국 정책을 왜 방해만 하는가? 제발 내버려두었으면 좋겠다. 우리는 철도도 없는 오지 소외 지역에 살고 있다. 외국 자본이 들어오려는 것을 정부가 반대하고 제동을 거는 이유를 알 수 없다.

중년 : 우선 여러 입지 조건이 좋은 동부 지역이 먼저 풍요로워지는 것은 어쩔 수 없으며 모든 인민은 또 그것을 인정해야 한다. 외국투자자들도 이런 곳에 집중 투자하고 있으며 불리한 여건에 있는 시장자치구에 자선사업가가 아닌 이상 누가 투자하려 한단 말인가? 우선 중앙 정부의 재정규모를 키우고 봐야한다. 이렇게 국가 재정이 확충되면 서부지역에 투자할 여력이 생긴다. 그때까지 우리는 참고 기다려야 한다.

청년 : 중앙정부는 소수민족들에게 자치권을 주어 아무 문제가 없다고 하는데 실제 자치권이 없는 자치구 수장 한 사람을 현지인으로 임명해 놓고 실질 권한이 있는 자리는 모두 중앙에서 파견된 한족 관리가 차지하고 있으니 이게 무슨 자치인가?

중년 : (감정이 상당히 격화되어) 자고 일어나면 분리독립만을 생각하는 사람들을 어떻게 믿고 맡기겠는가? 이것은 당신들의 책임이다. 대안도 없이 반대만을 일삼고 자나깨나 분리독립만을 주장하는 당신들이 문제다. 대안이 있으면 말해봐라.

청년 : 중앙정부는 밤낮 대안, 대안하는데 재정지원도 없이 우리

자치구내 천연자원만 대가없이 빼내가고 있는 것이 현실 아닌가? 이 돈 만으로도 된다. 좀 내버려 둬 봐라. 우리가 가지고 있는 것으로 지금보다 충분히 더 잘 꾸려갈 수 있다.

중년 : 중앙정부가 해준게 없다고 하지만 하나를 주면 둘, 둘을 주면 넷, 열, 스물을 달라고 하지 않나? 인간의 욕망에 한계가 없으니 정부 당국도 고충이 이만 저만이 아니다. 당신들도 이 점을 이해해줘야 하는 게 아닌가? 물론 지금은 만족할만한 수준은 못되겠지만 소수민족 지역특산물은 정부가 재정적자를 감수하면서까지 비싸게 구입해 주지 않는가? 종교의 자유와 고유언어를 포함한 문화의 계승발전에도 지원을 아끼지 않고 있다. 자녀문제도 한족은 기본적으로 한 자녀만을 두도록 하고 있으나 소수 민족은 두 자녀까지 둘 수 있도록 배려하고 있지 않은가?

이들의 논쟁은 시종 양극을 달리다가 서로가 지친 듯 했다. 2사람 모두 약간의 취기가 있어 보였으나 논리 정연했으며 상당한 학력 소유자로 보였다.

특히 50대 남자는 달변가로 주변을 사로 잡는 힘이 있어 보였다. 논쟁이 끝나고 청년이 화장실에 간 사이 주변 사람들의 반응을 보니 대부분 한족출신들인 관계도 있겠으나 "젊은 청년이 너무 심한 말을 하지 않느냐?"는 의견들이었으며 건너 편에서 백주를 계속 나눠 마시며 이 논쟁에 무관심하게 자신들끼리 왁자지껄하던 젊은 층 일행은 "속시원하게 말 잘했다"라고 라싸 청년을 두둔하기도 했다.

다시 중년 남자는 자신의 의견에 동조했던 사람들을 향해 자신은 라싸에 배치받아 7년째 근무하고 있는데, 신변 위험을 느낄 때가 한 두 번이 아니었다며, 가족(北京거주)과 떨어져 생활하는 것은 자녀 교육문제도 있지만 안전 문제가 뒤따르기 때문에 어쩔 수가 없다고 자신의 고충을 털어 놓고 있었다.

중년 남자는 마지막으로 "몇 년 전만해도 감히 어떻게 이런 말을 나눌 수 있었는가?" 라며 세상이 너무 자유스러워지고 먹을 것이 해결되니 요구가 너무 많아졌다며 젊은 사람들의 철없는 몰지각함을 개탄하는 말로 통제국가 공직자로서의 관료정신과 체통을 세우려 하고 있었다.

명대 탐험가 서하객

〈서하객 소상〉

서하객 (1586-1641)은 명나라 때 사람으로 소주에서 멀지 않은 강소성 강음 출신으로 여행가이며 지리학자이다.

그는 22세 때부터 30여년 간 중국 대륙의 절반인 강소, 복건, 광동, 절강, 산동, 하남, 하북, 산서, 섬서, 호남, 광서, 귀주, 운남 등 지역을 여행했다. 여행 중 산간에서 호랑이를 만나 혼비백산 하는 등 온갖 역경이 있었다.

어느 때는 노새를 타고 이동했으나 대부분 걸어서 여행하며 많은 것을 보고 들으며 인문·지리·세시 풍속을 연구하고 지역별 각종 물산을 조사하기도 했다. 특히 주목할 만한 것은 각종 지역별 광물 자원을 탐구했다는 점이다.

이를 기초로 방대한 분량의 여행기를 썼는데 그 분량 또한 방대하여 현재 유고 일부를 전 7권으로 간행하였다. 이 '천고의 기서'로 불리는 여행기는 대학생들과 젊은 직장인들이 특히 애독하는 베스트셀러가 되고 있다.

3부

한민족 얼, 고구려의 기개가 여기에!

한민족얼, 고구려의 기개가 여기에!

민족의 영산 백두산을 찾아서

　　백두산(白頭山) 입산이 9월 중순부터 제한될지도 모른다는 현지에서 온 사람의 말이 있어서 출발 날짜를 앞당겼다.

　　티엔진(天津) 북쪽에 위치한 작은 읍내 간이역에서 우선 친황따오(秦皇島)까지 가기 위해 숙소를 나섰다. 일제시대 때 지은 듯한 역 건물은 초가을 북방지역 작은 도시 특유의 을씨년스런 모습을 하고 있었다.

　　대합실로 들어서니 한쪽 구석을 차지하고 있는 여름 동안 먼지가 수북히 쌓인 목탄난로는 시간을 40년쯤 되돌려 놓은 듯했다.

　　난로 옆에 등받이를 마주한 두 개의 긴 나무의자에는 때가 끼어 빤질빤질한 국방색 작업복 차림의 노동자 몇 사람이 앉아 베이징 방면으로 가는 완행열차를 기다리고 있었다. 이 역은 시골 간이역이라고는 하나 어디를 가나 북적대던 것을 생각하면 이곳이 과연 중국인가 싶을 정도였다.

　매표구 역무원 아줌마가 무표정한 얼굴로 건네주는 차표를 받아들고 돌아서는데, 빛 바랜 양회벽에 부착된 전단 한 장이 섬뜩하게 눈에 들어왔다. 반 절지 크기의 이 전단은 열차폭발사고 때 참혹하게 희생된 사람들의 인체사진으로 천장이 휑하니 높은 대합실의 잿빛 풍경과 묘한 대조를 이루며 암흑가를 다룬 할리우드영화의 한 장면같이 부자연스럽게 돌출되어 다가왔다.

　동북지역 여행은 이렇게 초반부터 안개 속의 전쟁터같이 모호한 긴장감에 빠져들게 했다. 이런 전단은 이 지역에만 부착된 것은 아닐 것이며 전에도 이와 똑같은 전단을 어느 도시에선가 몇번 본 기억이 났지만, 지금의 느낌과는 사뭇 달랐었다.

　지금은 여행 막바지로서 그동안 이런저런 경험도 했고 힘든 과정도 겪은 뒤여서 동북지역 여행은 편안한 마음으로 할 수 있을 것으로 생각했는데 이제 막 출발하는 단계부터 긴장감이 들어 의외였다.

　이는 이곳이 너무 한적하고 을씨년스런 날씨 탓도 있겠지만, 백두산을 보려고 가는 한국인이라면 누구나 가질 수 있는 흥분이 상승작용을 일으켰는지도 모른다. 그간 여행지를 돌아보면서 이렇게 긴장감이 들어보기는 처음이었다.

　며칠 전, 전부터 알고 지내던 유(劉)선생에게 동북지역으로 출발한다고 하자, 그는 중국인들이 여행하기를 제일 꺼리는 지역이 바로 동북지방이라며 조심할 것을 진지하게 당부했었다.

그때 나는 남방사람은 유순하고 북방사람은 용맹스럽고 거칠다는 전통적인 시각쯤으로 여겼었다.

이 간이역에서는 시발역이 베이징(北京)인 657번 완행열차의 좌석표는 발매하지 않았으나, 열차에 올라와 보니 다른 지역을 달리는 열차와는 달리 빈자리가 많았다. 나는 이 지역의 인구 밀도를 반영한 것으로 생각하였으나, 어떤 승객은 소득이 늘면서 완행열차보다 급행열차를 선호하는 경향 때문이라고 했다.

친황따오를 경유하여 선양(瀋陽) 방면으로 가던 도중 간이역의 칼라전단에서 받은 충격에서 완전히 벗어나 이상할 정도로 긴장감이 풀리고 있었다.

차창 밖의 풍경은 국내에서 60년대 중반 완행열차를 타고 시골을 내려가는 것 같은 친숙한 느낌을 주었다. 옹기종기 모인 지붕 사이에 늘어진 버드나무, 울타리에 매달려 있는 하얀 박, 야트막한 구릉에서 한가롭게 풀을 뜯는 소, 발해만에서 불어오는 바닷바람 등 이런 동질적 요소들은 문화와 지리적 위치를 훨씬 뛰어넘어 교감되었다.

옆 좌석에 앉아있던 20대 초반의 여자는 재채기를 한 후 다소 쑥스러운 듯이 '누가 내 말(욕)하나'(誰罵我了)라고 작은 소리로 말해 풍습상의 친근함을 느끼게 했다(내가 어렸을 때 어른들이 재채기 한 후 이렇게 말했었다).

열차를 몇 번 갈아타면서 심양을 지나 메이허커우(梅河口)와 통화(通化)를 거쳐 백두산 천지에서 제일 가까운 기차역인 얼따오바

〈백두산 천지〉

이허(二道白河)까지 이동했다. 열차 안에서 이틀 밤을 보내고 역 앞 여관에서 1박을 한 후 백두산에 오르던 날은 유난히 구름 한 점 없는 청명한 날이었다.

천지(天池)가 한눈에 선명하게 다가왔다. 사진기사들은 천지에서 이렇게 좋은 날씨를 만나기란 쉽지 않은 행운이라며 파노라마 기념사진을 찍으라며 집요하게 따라 붙었다.

백두산은 중국 어메이산(峨媚山), 일본 후지산(富士山)과 함께 아시아 3대 설산(雪山)으로 꼽히고 있는데 개방 초기에는 9월 중순이면 입산이 통제되었으나 요즘에는 천지에 오르는 도로가 잘 보수되어 눈이 와서 결빙되지 않는 한 날씨를 봐가며 10월 초순까지 허용된다고 한다.

중국에서는 이 산을 장백산(長白山)으로 칭하고 있다. 금나라 때부터 장백산으로 불려 왔다고 하는 백두산은 시대별로 다른 명칭을 가지고 있다 하는데 한인(韓人)사회를 보는 중국의 시각이 묻어 있는 것 같아서 여기에 간략하게 소개해 본다.

기원전 21C 하(夏)나라 때 불함산(不咸山)—후한(後漢)이후 단단대령(單單大嶺)—북위(北魏)때 개마대산(盖馬大山)—위(魏)나라 때 사태산(徙太山)—남북조(南北朝)시대 종태산(從太山)— 수·당(隋唐)나라 때 태백산(太白山)—금나라 이후 현재까지 장백산.

그 외 속칭으로 소백산(小白山), 백두산 등을 들고 있지만 소백산은 청나라말기 이전에 국경을 넘어 들어온 한인들이 청나라 통치자의 억압에 대한 반항심으로 중국인들이 장백산으로 부르는 것을 소백산으로 폄하(貶下)하여 불렀다고 소개하고 있었다.

백두산에 대해서는 6·25전쟁이 끝난 후 중국정부가 중조(中朝) 양국의 혈맹적 특수 우의(友誼)에다 입술이 없으면 이가 시리다는 지리적인 의존관계에 의거하여 장백산 남부와 동남부를 이웃나라에 주었는데, 조선국은 민족의 존엄성과 고구려 역사의 심원(深遠)함을 결합하기 위해 자의로 욕심을 부려 이 산의 16개 봉우리 중 제일 높은 봉우리인 백두봉을 이 산의 명칭으로 대신하여 부르니 혼란스럽고 분명하지 않다고 지적하고 있었다.(「장백산 사화」1998년, 길림출판사 간 내용 참조)

고구려 발상지 환인 오녀산의 신비

한민족얼, 고구려의 기개가 여기에!

    통화에서 단동 방향으로 국도를 타고 이동하다보면 우리 나라 읍 규모의 환인현(桓仁縣)이 있다. 통화에서 이곳까지는 대부분 구간이 꾸불꾸불한 산길에다 비포장도로여서 거리는 불과 130km였으나 4시간이 걸렸다.
    이곳 읍내에서 보면 해발 1천m 남짓해 보이는 범상하지 않게 생긴 산이 눈에 들어오는데 현지사람들은 이산을 오녀산(五女山)이라고 부르고 있었다. 본래는 우뚝 솟아 있고 위가 평평한 모양에다 깎아지른 듯한 산이라는 뜻으로 올자산(兀剌山)이라고 칭했다 한다.
    오녀산은 이렇다할 볼거리가 없는 단조로운 산으로써 외지인이 찾을만한 곳으로는 부족한 감이 있었다. 외국인에게는 98년도부터 개방했다하며 그것도 읍 안전국에서 사전에 허가를 받은 후 정상에 오를 수 있도록 했다. 중국인들 중 부근에 거주하는 사람들이 휴일 등을 맞아 소수가 이곳을 찾고 있다고 했다.

이 산은 주몽(朱蒙)의 고구려 건국설화와 2대 유리왕의 고사가 있어 친근감을 느끼게 했다. 나는 산 정상 밑 관리소까지는 삼륜 오토바이를 타고 올라왔는데, 이곳에서 정상까지는 전동기로 끌어올리는 케도 차가 있었다.

정상에 올라와 보니 이 산이 올(兀)자 형태와 정말 닮았음을 알 수 있었다. 평평한 산 정상 사방으로는 바위가 깎아지른 절벽이었으나 중간에는 어디서 물이 나오는지 천지(天地)라는 조그만 연못이 있었다.

하도 신기하여 못 가에 앉아 이 연못을 보고 있는데, 한 노인이 헛기침을 하며 내 쪽으로 다가오고 있었다. 알아보니 30여 년간 이곳에서 살아왔다고 하며 요즘은 식당을 하면서 관광안내도 겸하고 있다고 했다.

이 노인의 말에 의하면 이 연못은 그동안 어떤 가뭄에도 한번도 마른 적이 없다고 했다. 그 외 '고구려 병영'이라는 200평쯤 되 보이는 움푹 들어간 곳이 있었는데 이곳은 고구려 병사들이 휴식을 취하거나 잠을 자던 장소라고 한다.

동편으로 이동하여 굽어보니 혼강(渾江) 사이로 작은 산봉우리들이 도드라져 신비하고 영롱하게 물안개에 얽혀 있었다. 노인은 '고구려 시대 고분군이 저 아래 여러 곳에 산재해 있었는데 댐 건설로 지금은 전부가 수몰되었다'고 진지하고도 열성적으로 설명하고 있었는데, 그 모습과 억양으로 보아 필자가 크게 아쉬움을 표시할 것을 미리 예상한 듯 했다. 그리고 얼마 전에는 한국 사학자들이 학술조사차 다녀갔다고 덧붙였다.

워낙 깎아지른 바위 절벽으로 되어 있는 산이라 별도의 성벽을 쌓을 필요가 없어 보였다. 내가 처음 계단으로 오르던 부분에만 성벽이 조금 쌓여져 있을 뿐이었다.

〈오녀산 정상에서 바라다본 환인 댐〉 이 댐 건설로 고구려 고분군 등 유적지가 대부분 수몰되었다.

후대에는 이곳이 천연요새로써 으뜸임을 알게된 많은 병법가(兵法家)와 군사(軍師)들이 찾아와 현장을 답사한 곳으로도 유명하다고 전해지고 있다.

주몽의 고구려 건국 설화와 유리왕의 고사는 역사서 마다 조금씩 차이가 있었는데 현지에서 전해 내려오는 전설을 여기에 소개해 본다.

주몽의 건국신화

주몽은 부여국(夫餘國)에서 천신(天神) 해모수(海慕漱)와 용왕

(龍王) 하백(河伯)의 맏딸 유화(柳花) 사이에서 태어났는데, 거위 알만한 붉은 고기공(紅肉球) 상태로 나와 부화했다 한다.

　이야기가 거슬러 올라가면, 부여국왕 해부루(解夫婁)는 늙었으나 왕위를 물려줄 아들이 없었다. 어느 날 해부루가 성밖 제단에 나가 천제(天帝)에게 아들 하나를 내려 달라고 기도하자, 제단 앞에 있던 흰 돌 속에서 아기 울음소리가 들리더니 이윽고 개구리 만한 사내 아이가 나왔다. 온몸이 금빛으로 휘황찬란하여 이름을 금와(金蛙), 즉 금개구리로 지었으며 어엿한 태자로 성장하여 천신 해모수의 축복 속에 부여국 왕위를 계승한다.

　금와태자의 왕위 계승식을 참관하고 돌아가던 해모수는 용왕 하백이 살고 있는 우발호(優渤湖)에서 하백의 세 딸이 알몸으로 물놀이 하고 있는 것을 엿보게 된다. 해모수는 특히 큰딸 유화의 아름다움에 반해 잘 생긴 청년으로 변신하여, 둘은 그 날로 사랑에 빠지게 되고 백년가약을 한 후 해모수는 천궁(天宮)으로 돌아갔다.

　이를 알게된 하백은 해모수에게는 절대 딸을 시집보낼 수 없다며 유화를 유폐시킨다. 해모수는 유화와 약속한 대로 길일(吉日)을 택해 유화와 결혼하겠다고 우발호에 찾아왔으나 하백이 우발호가 뒤집힐 정도로 대노(大怒)하여 해모수는 할 수 없이 되돌아갔다.

　이 사정을 전해들은 부여국왕 금와는 유화가 감금된 곳을 엿보러 왔다가, 독방에 갇힌 유화가 심한 산통 끝에 아기를 출산하고 있음을 목격한다. 다급한 김에 잠긴 문을 부수고 들어가 유화가 낳은 아기를 보았으나 사람의 모양이 아닌 붉은 고기 공(紅肉球)에 지나지 않았다고 한다.

　서로 당황한 나머지 금와가 엉겁결에 들고 나가 큰 누렁이 개에게 던져주니 냄새만 맡고 그냥 지나갔다. 다시 돼지에게 주었으나 암돼지나 수퇘지 모두 거들떠보지도 않는다. 이를 괴이하게 여긴 금와는 큰길에 버렸지만 소나 말도 밟지 않고 피해서 지나갔다. 이번에는 들판에 내다 버리고는 까마귀가 쪼아먹겠지 하였으나, 오히려 날개로 품어 보호했다. 화가 난 금와는 도끼로 내리쳐 보았으나 자국하나 나지 않고 온전했다. 금와는 하는 수 없이 다시 들고 와서 유화에게 되돌려 주었다.

　유화는 크게 상심했지만, 요괴로 생겼든 뭐든 자신의 몸에서 나온 것이므로 면포에 싸서 따뜻한 아랫목에 놓고 극진히 보살폈다. 이 고기공은 따뜻해지자 균열이 생기더니 그 안에서 작지만 잘 생기고 건강한 사내아이가 나왔다.

　이 아이는 이미 7세가 되면서 용모가 준수하고 다른 집 애들 보다 총명하고 출중했으며 특히 활쏘기와 말을 잘 탔는데, 이 아이가 바로 주몽이다.

　부여국왕 금와에게는 일곱 아들이 있었는데, 주몽은 이들과 말타기 활쏘기 등 시합을 하며 놀았다. 하지만 주몽이 이들보다 모든 방면에서 월등히 앞서자, 하루는 이를 시기하던 금와의 큰아들 대소(帶素)가 부왕인 금와에게 머지 않은 장래에 용감하고 총명한 주몽의 손에 모두가 놀아날지 모르니 하루 빨리 주몽을 제거하여 후환을 없앨 것을 간청한다.

금와는 주몽에게 말을 기르는 일을 하도록 분부한다. 말먹이는 일을 하던 주몽은 고의로 준마(駿馬)는 마르게 하여 볼품없게 하고 대신 노마(駑馬)는 살을 찌게 하여 폼 나게 만들었다. 이렇게 되자 금와왕은 살쪄서 번지르르한 노마는 자신이 사용하고 마르고 볼품없는 준마는 주몽에게 준다.

이후 어느 날 주몽은 이 말을 타고 자신이 직접 제작한 작은 활과 화살을 가지고 국왕이 참가한 수렵대회에 나가게 되는데, 많은 사람들로부터 조소를 받았으나 늑대·사슴·토끼 등을 제일 많이 잡았다.

그렇지 않아도 주몽을 시기하던 대소는 왕궁으로 돌아와 대신(大臣)들과 은밀히 주몽을 제거할 계획을 논의한다.

주몽의 모친 유화는 이 낌새를 눈치채고 밤중에 몰래 주몽에게 찾아가 이 소식을 전하면서, 빨리 성을 빠져나가 멀리 도망하여 넓은 세상에서 네가 가진 재능을 발휘하여 많은 일을 하라고 간곡히 권유한다.

주몽은 모친의 말에 따라 평소 절친했던 친구 오이(烏伊), 마리(摩离), 협보(陜父)와 함께 새벽에 부여성을 빠져 나간다.

바로 이 내용이 광개토왕비에 기재된 '모친의 명을 받들어 남쪽으로 내려가다'(奉母命巡幸南下)라는 내용이다.

주몽 일행이 부여성을 나와 동남쪽으로 내려가던 중, 부여국왕의 추격부대가 뒤쫓아올지 모르는 긴박한 상황에서 강을 만나게 되었다. 주몽이 강물을 향해 '나는 천제(天帝)의 아들이요, 용왕 하백의 외손자다. 용왕이여 우리 뒤에는 추격병이 있으니 우리를 도와 강을 건너게 해주소서'라고 주문을 외우니 고기 떼가 나타나 다리를 놓아 무사히 건널 수 있었다.

주몽 일행이 계속해서 산을 넘고 산림을 지나자 한 마을이 나타났다. 마을 입구에서 세 사람을 만나게 되는데 이들은 주몽의 지혜와 학문에 감동 받는다.

〈오녀산〉 고구려 건국설화가 깃든 오녀산. 주몽은 부여 국에서 쫓겨오다가 이곳에서 개국하기에 이른다.

이어 주몽이 이들에게 말하기를 "나는 천제의 명을 받들어 개국(開國)하려 한다"며 자신과 뜻을 같이 해줄 것을 요청하자, 이들은 흔쾌히 응한다.

주몽은 새로 만난 세 사람의 안내를 받으며 지금의 오녀산(五女山)에 오른다. 때는 중추지절, 산 정상은 의외로 넓은 평지가 있고, 산림이 무성했으며, 각종 새가 지저귀고, 야생화가 만개하여 향기를 발하여 일행을 반기는 듯 하였다.

특히 산 정상 중앙 한편에 주거에 필수조건인 맑은 샘이 있고 천연 동굴도 있었다. 한눈에 천리를 볼 수 있는 전망 좋은 곳인데다 지세가 험준하고 견고하며 토질이 비옥하여 개국 장소로 손색이 없다고 생각하였다.

주몽은 길상(吉祥)을 상징하는 하얀 사슴 10여 마리를 잡아 산 밑 주변에 사는 부족장들에게 선물로 보내고 9월 9일에 있을 고구려 개국 경축식에 참석해 줄 것을 요청한다.

고구려를 개국한 주몽은 청명한 어느 날 산에서 내려와 비류수(沸流水, 지금의 渾江) 강가에서 말에게 물을 먹이고 있었는데 강변에서 채소 잎사귀가 떠내려왔다. 이를 보고 강 상류 어느 지점엔가는 사람이 살고 있을 것으로 판단하고, 일행과 함께 강을 거슬러 올라가 보니 과연 비류국이라는 작은 나라가 있었다.

비류국왕 송양(松讓)은 주몽 일행을 맞으며 주몽에게 "과인은 사람이 적게 사는 이런 오지마을에서 당신을 한 번도 보지 못하고 오늘에 이르게 되었는데 어찌된 영문인가, 도대체 당신은 어디서 왔는지 모르겠다"고 비아냥거렸다. 주몽은 의연하게 "나는 천제의 아들로 여기에 와서 건국하기에 이르렀으니 송양 당신은 나의 왕권에 스스로 귀순함이 어떤가?" 하고 반격한다.

이렇게 한참동안 논쟁을 하다가 끝내는 무술까지 겨뤄 보았으나 송양은 주몽의 적수가 되지 못함을 알고 결국 주몽에게 복속하기를 희망한다.

그 뒤 송양은 그의 딸을 주몽 아들 유리에게 시집보낸다. 주몽이 40세에 임종하게 되고 아들 유리가 왕위를 계승했다.

유리왕의 고사

유리가 왕위를 계승한지 2년만에 왕후(王后)가 죽자, 조정에서는 누구를 왕후로 앉힐 것인가를 놓고 의견이 분분했다.

유리왕에게는 화희(禾姬)와 치희(稚姬)라는 소실이 있었는데, 서로 자신이 왕후 자리에 앉아야 한다며 반목과 암투가 심하게 되자 별궁을 짓고 두 처를 서로 떨어져 살게 하기로 결정한다. 별궁이 완성되자 이번에는 서로 새로 지은 곳에 들어가지 않겠다고 야단이었다.

두 처 중 화희는 고구려인이고, 치희는 한족(漢族)출신이었다. 상황이 고구려 본족(本族)출신인 화희쪽이 유리하게 되자 치희는 유리왕의 총애를 잃을까 두려워하던 중 한밤중에 몰래 친정집에 간다며 짐을 꾸려 성을 빠져 나갔다.

사냥을 갔다가 돌아와 뒤늦게 이 사실을 알게된 유리왕은 횡도천(橫道川)에 다다랐다는 치희를 뒤쫓아가 여러 번 왕궁으로 돌아갈 것을 권유했으나 완강히 거절한다.

유리왕은 크게 상심한 나머지 산등성이로 뛰어올라가 고목 떡갈나무에 기대서서 먼 하늘을 보며 장 탄식을 하였다. 그때 어디선가 황조(黃鳥) 한 쌍이 날아와 나무 가지에서 요리조리 날며 지저귀었다.

이 모습을 물끄러미 바라보던 유리왕은 "치희는 나를 버리고 갔는데 황조는 저렇게 쌍을 이뤄 경쾌하게 퍼드덕거리면서 이 나무 저 나무 가지를 참 정겹게도 날아다니는구나" 하고 다음과 같이 읊조린다.

翩翩黃鳥	퍼득 퍼득 나는 황조는
雌雄相依	암수가 서로 의지하는데
念我之獨	생각하니 나는 너무 고독하구나
誰其與歸	그 누구와 같이 돌아갈꼬

황조(黃鳥)

현지 사람들에 의하면 꾀꼬리가 아니라 잘 지저귀는 노란 깃털을 가진 작은 산새라고 한다.

치희가 떠난 후 오래지 않아 묘하게도 치희가 낳은 아들 여진(如津)이 강에서 물놀이를 하다가 깊은 곳에 빠져죽게 된다. 유리왕은 자식까지 잃게되자 '하늘이 나를 버리는 구나!' 라는 등 정서불안에 빠진다.

하늘에 무사태평을 빌기 위해 천제(天祭)를 지내려고 제일 큰 돼지를 골라잡고 털을 뽑기 위해 끓는 물을 부으려 하자, 돌연 목을 딴 돼지가 선혈을 흘리며 일어나 도망치는 것을 대신(大臣)이 말을 타고 뒤쫓는데, 어찌나 빠른지 따라잡을 수 없었다. 며칠 밤낮을 말을 타고 뒤쫓아 위나암(尉那岩)에 도착하자 이 돼지는 그 곳에서 서서 꼼짝하지 않는다.

이 보고를 받은 유리왕은 하도 괴이한 일이라서 무당에게 물었으나 속시원한 답을 찾지 못한다. 며칠 밤낮을 생각한 끝에 그 돼지가 멈춘 곳으로 국도(國都)를 옮기기로 결정한다.

유리왕에게는 그렇게 파란 많았던 오녀산성(五女山城)을 떠나 위나암으로 천도한 후 매년 10월이면 대소 신료들과 옛 도읍지인 이곳에 찾아와서 선조인 주몽과 모친 예씨(禮氏)에게 제사를 지내고 돌아갔다 한다.

한민족열, 고구려의 기개가 여기에!

고구려 숨결이 살아있는 집안(集安)

환도성·국내성·광개토왕비 그리고 장군총·무용총·호태왕릉 등 무수히 산재해 있는 고분군, 무덤을 보호하기 위해 비스듬히 받혀 놓았다는 거대한 돌덩이 호석(護石), 무덤내부 벽화들로 우리의 시선을 머물게 하는 고구려 최대 유적지 집안(集安).

무용총의 벽화에 그려진 용(龍)이 물고 있던 여의주는 비취로 추정된다는 안내원의 말에 따르면 그 비취는 일제 초기에 이곳에서 가까이 거주하던 촌민이 도굴해 갔다고 한다. 그보다 작은 용안(龍眼)은 옥(玉)으로써 지금은 한 개만 남아 다른 곳에 보존되어 있다고 했다.

고분군을 둘러보기 전에 박물관에 들렀지만 현지에 산재해 있는 분묘의 수나 규모에 비해 전시된 유물이 너무 빈약하다고 생각했는데, 역시 안내원은 "대부분 일제 강점기에 도굴되거나 훼손되었다"고 강조한다.

　그나마 다행인 것은 서기 414년 장수왕이 부왕(父王)인 광개토대왕의 업적을 칭송하기 위해 세운 광개토대왕비가 동네 한 가운데서 1500여 년간의 풍상을 견디며 건재해 있다는 점이었다.

　그리고 국내성에서 북쪽으로 22km 거리에 위치한 오녀봉(五女峰)이라고 불리는 고구려 사람들이 채석장으로 사용한 해발 1300m의 화강암 산이 있는데 곳곳에 질 좋은 화강암들이 절개된 흔적이 있었고 경치도 뛰어나 인상적이었다.

　그러나 집안(集安) 일대에 산재해 있는 환도성·국내성·위나암성 등의 명칭이나 위치가 당시 지명과 다르고 역사서나 이를 해석하는 학자마다 달라 상당히 혼란스럽게 만들었던 것은 어떤 아쉬움으로 남기 이전에 우리 고대사가 아직도 얼마나 취약한 부분으로 남아 있는지를 깨닫게 한다.

　더욱이 요녕성 일대의 고구려시대 성벽은 대부분 훼손되어 흔적조차 찾을 길 없으며 그나마 일부 남아있던 것도 90년대 초부터 당나라 때부터 축조한 성벽과 연결함으로써 고구려 성벽 자체를 없애 버렸다는 말도 있다.

한민족얼, 고구려의 기개가 여기에!

안도지방의 초가집

    동북지방 특히 길림성 시골 마을 곳곳에는 아직도 초가집이 있어서 외지인의 시선을 끌기에 충분했다.

    백두산 천지에서 알따오바이허(二道白河)로 다시 나와 뚠화(敦化)까지 국도를 타고 이동하였다. 바이허에서 뚠화까지는 130km였는데 3시간 30분이 걸렸다. 이 도로는 비포장이기는 하였으나 패인 곳이 없이 비교적 잘 관리되고 있어 황토 먼지를 뒤집어 쓴 것 외에는 그래도 괜찮게 이동한 셈이었다.

    변경을 이루는 두만강을 보기 위해 뚠화에서 투먼(圖們)까지는 완행열차를 탔다.

    이 지역 풍경은 미려하지는 않았으나 우리 나라 농촌 산간지역과 흡사하여 편안함을 주고 안정감을 느끼게 했다. 그리고 이 완행열차 화물칸에서 간간이 생선 비린내가 풍겨와 마치 태백선 기차를 타고 강원도 내륙 어느 산간 지방에서 동해바다 쪽으로 달리고 있는 듯했다. 특히 안투(安圖)지방은 눈에 익은 초가집이 군데군데 있었는데 굴뚝에서 연기가 피어오르는 모습을 보니 그 안에서 사는 사람들의 모습이 연상되었다.

저 초가집 안에 사는 사람들은 왜 80년대 대대적으로 벌였던 주택 개량사업을 활용하여 좀더 편리한 주거환경을 확보하지 못했을까? 무엇이 저토록 규격화된 기와를 올린 개량가옥을 거부하고 자신들의 방식대로 살아가게 만드는 것일까? 언제 한반도에서 건너와 몇 대째 저렇게 지내는 것일까? 중국 캉(炕)에 비해 온정이 더한 온돌방은 과연 언제까지 이곳에서 유지 될 수 있을까?

처연하기만 한 질문에 스스로 답하면서 그래도 사방으로 유리창문이 지나치게 많이 나 있고 밋밋한 규격화된 개량 가옥보다는 오히려 저런 초가집이 시골풍경에 훨씬 더 잘 어울린다고 생각하는 것으로 위안을 삼았다.

사람들은 누구나 그렇게 느끼겠지만 매년 볏짚을 엮어 지붕을 다시 덮어야 하는 초가지붕 단장은 추수를 마친 후 가장 큰 일이며 아주 번거로운 일이기도 하다. 그러나 문명의 편익이 그 정도이고 이런 수준의 속이 훤히 비치는 유리구슬 같은 작은 성(城:개량가옥)이라면 거부하거나 배척할 이유가 충분히 있는 것 같았다.

중국 거주 한인들은 명나라 말부터 신 중국 원년인 49년 사이에 한반도에서 들어온 사람들로서 300여년의 역사를 가지고 있는 셈이다. 특히 일제시대에 많이 이주해 왔다고 한다.

한민족얼, 고구려의 기개가 여기에!

3국 영토의 분기점인 두만강

　두만강(豆滿江)은 중국에서는 투먼지앙(圖們江)으로 우리와 다르게 지칭하고 있는데, 이는 옛날 이곳에 거주해온 여진·말갈·고구려인 등이 서로 비슷한 음으로 부르다가 후에 서로 다른 한자말을 쓰게 된 것이 아닌가? 했다. 청대(淸代)부터 조선족 사람들 사이에서는 이 강을 까오리허(高麗河)라고 부르기도 했단다.

　백두산 줄기 계곡 물이 근원이 되어 동서로 두만강과 압록강으로 갈린다는 지리적 상식 외에는 이렇다할 사전 지식이 없었던 나는 압록강은 두만강보다 두 세배쯤 길지 않나 하는 착각을 했었으나 두만강은 압록강보다 134km 짧은 516km이었다. 두 세배의 차이가 있는 것은 물의 양이 아닌가 보여졌다.

　도문시(圖們市)를 끼고 흐르는 두만강은 시커먼 폐수로 변하여 강바닥의 모습을 드러내지 않고 있었지만 공원으로 조성해 놓은 중국 쪽 강변은 북한 쪽과는 달리 내국인 관광객들이 많았으며 이런 폐수에 무슨 고기가 사는지 강태공들이 낚싯대를 드리우고 있었다.

여담이지만 중국인들은 고기가 있으면 어디에서나 낚시를 한다. 아니 고기가 있으면 잡고야 만다는 표현이 적합할 것 같다. 강·

〈두만강면 도문시〉 조선족 중년부부가 옥수수를 구워 팔고 있다.

개천·호수·바다 그리고 크고 작고, 깨끗하고 더러운 것을 가리지 않는다. 낚시·그물·투망·전기·폭약 그 방법도 다양하다. 물이 나쁜 곳에서 잡은 물고기의 독특한 냄새는 이들이 사용하는 향료와 향채로 가려진다.

현지 사람들은 이 강물이 북동진해서 흐르다가 일본해로 흘러들어 간다고 했다. 나는 이 말에 잠시동안 어리둥절했으나 이내 수긍이 갔다.

중국 지도를 보면 우리의 동해(東海)를 일본해(日本海)로 표시한 반면, 샹하이(上海)부근 앞바다를 동해로, 따리엔(大連), 엔타이(煙臺), 칭따오(靑島) 앞바다는 황해 등으로 표기하고 있다. 그래서 우리가 말하는 동해와 중국인이 생각하는 동해는 서로 달라 난감할 때가 있다.

  언젠가 중국 대학생과 대화할 때 동해에 관한 얘기가 나왔는데, 그 학생은 내가 한국인임을 안 뒤여서 그런지 굳이 일본해라고 말하지는 않았으나 잠시 혼란스런 빛을 보이는 것을 읽을 수 있었다.

조선사람은 조선사람끼리라는 폐쇄성

동북지방 특히 길림성에만 조선족이 120만 명 정도 거주하고 있다하니 언어, 식생활 등 생활 풍속이 우리와 크게 다를 바 없겠다 싶어 다른 지역 여행에 비해 훨씬 수월할 것 같다는 생각을 했었다.

조선족이 가장 많이 거주한다는 옌지(延吉)에 들렀을 때, 그곳 사람들은 조선족과 중국인으로 대별하여 경쟁적으로 삶을 꾸려나가는 인상을 주었다. 내가 한국인 관광객으로 보여졌을 때는 조선족 사람들은 어김없이 동포애를 발휘했고 다른 민족 사람들은 바가지를 씌우려 하는 것 같았다.

이 지역에서 만난 조선족 사람들은 관광 나온 모국 사람들의 애국심(?)을 확인이라도 하려는 듯 "조선 사람은 그저 조선 사람과 상대해야지 다른 중국인과 거래할라치면 영락없이 바가지 쓰게 돼요"라고 북한 사람들과 같은 억양으로 종종 이렇게 말하곤 했는데 실제로 이 말은 맞는 것 같기도 했다.

　조선족이 아닌 중국인들은 과일을 사거나 심지어 기차역에서 짐을 맡길 때도 2배 이상 더 비싸게 요구한 반면 조선족들은 인력거를 모는 아저씨든 가게 아주머니든 내가 한국 사람인 것을 알아 차렸을 때는 친절하게 대하려는 노력이 역력했으며 그때마다 '조선 사람은~' 하는 말도 잊지 않았다.

　물론 중국 사람들이 외지인들에게 바가지를 씌우려는 태도는 비단 동북지역 뿐만이 아니었지만, 민족간에 이런 바람직하지 못한 경쟁심리는 하루 빨리 버리는 것이 좋을 것 같았다.

　이런 폐쇄적인 민족간의 경쟁 심리관계는 결국 자신들에게도 도움이 되지 않을 뿐 아니라 한국 여행객에게도 나쁜 영향을 미칠 수 있기 때문이다. 왜냐하면 한국 여행객은 이곳에서도 소수민족인 조선족 사람들 보다 한족이나 만주족 등 다른 민족 사람들과 상대적으로 더 많이 접촉해야 하기 때문이다.

　지금은 사소한 부분이라고 할 수 있지만, 이와 같은 민족간의 바람직하지 못한 심리관계는 두 나라 국민간의 우호관계 발전에 도움이 되지 못한다.

　물론 이른바 소수민족 입장에서 보면 폐쇄적이라기 보다 그들 민족의 정체성에 관한 문제로 만주족처럼 한족에 동화되어 소멸해 가지 않고, 고유한 언어와 풍속을 지키려는 자존의 몸부림으로 여겨질 수도 있으나 중국 중앙정부의 소수민족 동화정책에는 상당한 부분 괴리된다는 점이다.

집안(集安)에서의 해프닝

고구려 최대 유적지 집안에 도착했을 때 곤혹스런 일이 생겼다.

나는 조선족 사람들의 생활도 궁금하고 경비도 절약할 겸해서 도착하자마자 처음 만난 삼륜 오토바이 기사인 조선족 박선생 집에서 숙박하기로 했다.

그 집은 가운데 부엌 양옆으로 방이 한 칸씩 있는 작은 규모의 집으로 비교적 깔끔하여 마음에 들었다. 방 한 칸은 사용하지 않는지 살림이 없이 깨끗이 치워져 있었는데 나를 그곳으로 안내했다.

도착 첫날은 우여곡절 끝인지라 피로감이 엄습해 일찍 잠자리에 들었다(9시 30분). 바로 깊은 잠에 빠져들어 얼마나 지났는지 모를 밤중이었는데, 누군가 나를 흔들어 깨웠다. 눈을 떠보니 정·사복 공안원(경찰)들이 내 머리맡에 서 있었다.

잠결에 놀란 토끼 마냥 일어나 눈을 비비고 보니 공안원 4명 사이에 주인 남자가 서 있었다. 정신을 차리고 나서 주인의 얼굴을 보니 "누가 신고하여 조사 나왔다"며 초조한 빛에다 다소 불만스런 모습으로 말했다.

공안원들은 주인의 간단한 경위 설명이 끝나자 다짜고짜 나의 배낭이며 옷가지 등을 챙겨 공안파출소로 가자고 요구했다. 나는 그때서야 시계를 보았는데 10시 30분이었다.

잠든지 불과 한 시간도 채 못된 셈이었다.

공안경찰의 집요한 벌금 부과 노력

이들은 공안파출소에 도착하자 집주인과 나를 분리해서 조사하기 시작했다. 한 공안원은 다른 공안원이 지켜보는 앞에서 여권을 본 후 신분에 관한 간단한 질문에 이어 이곳은 공안 취약지역인 변방(국경)으로써 외국인의 불순활동을 방지하기 위한 것이니 양해를 구한다고 정중히 말했다.

그러나 조금 전에 민박집에서 만난 4명 외에 한 사람이 추가되어 5명의 공안원이 교대로 '불순활동방지' 목적은 뒷전으로 하고 규정에 위반된 민박(외국인은 허용된 장소에서만 숙박할 수 있음)에 대한 벌금 부과 노력에 초점을 맞추고 있었다.

소지품 중에서 처음으로 배낭 속 내용물을 모두 꺼내 검사했다. 신통치 않다고 생각했는지 모두 옆방으로 건너가 상의하더니 이번에는 다른 공안원이 나서서 국경절(10.1)이 얼마 남지 않아 특히 국경지역은 엄중하다며 호주머니에 있는 물건까지 모두 꺼내 놓도록 요구하였다.

이 요구에 거부하거나 불쾌하다는 반응을 보일 경우 결국 이로울 것이 없다는 판단 아래 이에 순순히 따랐다.

다시 공안원들이 나갔다가 한참 후에 들어와서는 이들 중 정복을 입은 사람이 근엄한 자세로 내 앞에 앉더니 주거위반에 대한 최소한의 벌금 500위안을 내면, 호텔로 안내해 줄테니 그곳에 가서 숙박을 하라고 최종 결론인 듯이 말했다.

나는 지금 동북지역을 한 달 가량 여행한 후로써 이곳을 마지막으로 돌아보고 1~2박 후에 티엔진(天津)으로 돌아가려고 한다며 현재 차비밖에 남지 않아 호텔에 묵을 수도 없는 형편이라고 말했다.

그러자 그는 그러면 티엔진에 돌아가 벌금을 부치면 되지 않느냐고 한다. 내가 난색을 표하자, 그럼 여행은 어떻게 계속하며 집에는 어떻게 되돌아가느냐고 되묻는다.

그때그때 필요한 만큼 집에서 송금 받아쓰고 있다고 하자, 이 공안원은 잘 됐다싶은 표정으로 그럼 지금 집으로 전화하여 이곳으로 부치도록 하자고 했다. 어떻게 이런 일로 이 시간에 전화할 수 있느냐고 어이없어 하자, 그 공안원은 미안했는지 다소 계면쩍어 하는 빛을 보였다.

이렇게 되자, 주위에서 이 광경을 지켜보던 공안원 중에서 벌금을 내지 않으면 강제 추방까지 할 수 있다고 은근히 겁주기까지 했던 스포츠형 짧은 머리의 젊은 공안원은 여행자 수표나 신용카드도 없느냐고 투덜거리듯 말하며 벌금을 물리기 위해 막판까지 최선의 노력을 기울이고 있었다.

결국 나는 벌금을 내지 않은 것은 물론, 이 민박집에서 이틀간 숙박해도 좋다는 특권(?)까지 얻어냈다.

내가 종국에 판정승은 했지만 유쾌할 수 없었던 것은 악법도 법이고, 로마에 가면 로마법을 따라야 한다는 평범한 격언을 지키지 못한 점이었다.

다시 한번, 돈이면 뭐든지 다할 수 있다는 후진사회의 만연된 부조리와 실리를 위해서라면 수단 방법을 가리지 않는 상혼(商魂)이 공안원의 집요한 벌금 부과 노력과 클로즈업되어 나를 씁쓸하게 만들었다.

공안국 파출소를 나오면서 시계를 보니 새벽 3시 30분이 지나고 있었다. 집주인과 되돌아오면서 처음 이 집에 들어올 때 일이 새삼스럽게 생각났다. 30대 후반의 젊은 집주인은 동네 어귀에서 같은 동네 사람들과 여러 번 마주쳤는데 서로 목례조차 없이 외면하고 지나쳤었다. 이상하다고는 생각했지만, 나와 상관없는 일로 대수롭지 않게 여겼었다.

외지인이 일반 가정집에서 숙박할 경우 집주인은 해당 공안파출소에 가서 신고하고 손님이 묵는 기간 동안 매일 등재하도록 규정되어 있으나 너무 귀찮은 일이어서 대부분 이를 회피한다. 여행할 때 허용된 호텔에서 묵는 것이 신변안전 등 여러 점에서 좋을 것이나 장기여행을 하다보면 반드시 그럴 수만은 없는 경우가 적지 않다. 그리고 호텔이라고 안전하지도 않다.

공산주의 국가에서는 주민 신고·고발의식이 강하다고 봐야할 것이며 이웃 사람들은 그 이웃을 항상 관찰하고 있다고 보면 틀림없다.

그래도 이웃간에 원만한 관계를 유지하고 있는 사람이라면 서로 이웃을 신고하여 그 이웃사람이 공안국에 불려 가는 등 귀찮게 되는 일은 바라지 않을 것이다.

집주인은 그날 아침 잠시 눈을 붙이고 일어난 나에게 미안(?) 했는지 자신은 가끔 외국사람들을 상대로 민박을 치르고 있는데 얼마 전에 한 사람이 자신의 집에서 묵다가 공안국에 불려가 3천위안의 벌금을 내고 풀려난 적이 있는 등 이와 비슷한 일이 여러 번 있었다고 뒤늦게 실토했다.

투숙객 현금 분실사고

곤혹스런 기억이 남은 집안시를 뒤로하고 통화로 되돌아 나오던 중에 고구려 채석장이 있는 오녀봉을 둘러보고 칭허(清河)에서 하차했다. 차창에 비친 밝은 계곡은 칭허(清河)라는 지명과 어울리게 퍽 인상적이었다.

집안에서의 피로를 이곳에서 씻고 가야겠다는 생각이 들었던 것이다. 이곳은 집안시 행정구역 내에 있는 작은 면 소재지였다. 인근의 산중턱 곳곳에는 인삼밭이 있었고 그 사이로 맑은 계곡 물이 흐르고 있었다. 인삼 수확기와 피서철에는 외지인이 들리는 곳이어서 호텔이 하나 있었는데 규모는 작았지만 비교적 깨끗했다.

집안에서의 일이 마음에 쓰여 이번에는 호텔에서 묵기로 하고 숙소를 이곳으로 정했다. 다음 날 아침 '구름다리 마을' 이라는 계곡 깊숙한 곳까지 들어가 보았다. 맑은 계곡에서 잡은 하마(蛤蟆)라고 부르는 식용개구리 요리는 처음 먹어보는 음식이었지만 그 맛이 일품이었다.

이곳에서의 2박은 조용한데다 맑은 냇물과 신선한 공기 때문인지 생각보다 빨리 심신의 안정을 되찾을 수 있었다. 그러나 막 출발하려고 체크아웃 하려는데, 지배인이 다가와서 하는 말이 '지난 밤 도난사건이 일어나 조사중이므로 잠시 로비에서 기다리고 있다가 경찰을 만나보고 가라' 는 주문이었다.

투숙객 한 사람이 현금 2만위안(우리 돈 3백 만원정도)과 신용카드 등을 분실했다고 파출소에 신고하여 이제 막 조사가 시작되었으며 이곳에서 숙박한 사람은 조사가 끝날 때까지 나갈 수 없다는 것이었다.

절도범이 지문을 남기지도 않았겠지만, 외국인에 대한 예우(?)였는지 한 경찰은 나에게 다가와 현장에 있었던 관계로 어쩔수 없이 지문체취와 감식까지 마쳐야 하며 면내 파출소에는 지문감식 전문

가가 없어 집안시 공안국에서 나와야 하는데, 이미 연락했으므로 곧 도착할 것이니 그 때까지 기다려 달라고 양해를 구했다.

물론 기꺼이 협조하겠다고 했지만 곧 온다던 감식경찰은 3시간이 지나서야 도착했으며 도착 후에도 이곳 저곳의 지문채취와 감식조사로 몇 시간이 지체되었다. 아침 8시부터 오후 1시까지 시골 호텔 로비에서 이유 없이 감금되어 무료하게 보낸 5시간은 정신적으로 고역이 아닐 수 없었으며 하루를 낭비한 셈이니 화도 났지만 하소연할 수 없었다.

동북여행 출발 직전 기우일 것이라고 생각한 일들이 간간이 터져 다른 지역에서 느껴보지 못한 새로운 맛도 있었으나 곤란한 일의 연속은 유선생이 말했던 것처럼 '동북지역은 그런 곳'이라는 시각으로 다가서게 만들었다.

동북지역 여행 중에는 한국인이라면 조심해야 할 몇 가지가 있는데, 북한과의 국경지역으로 북한 탈출 유민 문제와 관련하여 중국 당국은 신경이 곤두서 있으며, 고구려 역사 왜곡문제로 한국과 불편한 관계에 있다는 점이다.

또한 중국 역시 경제규모가 커지면서 지역간, 계층간 갈등이 점점 커지면서 특히 소수민족 문제에 상당히 민감해 있다.

이런 문제들에 대해 오해를 살만한 불필요한 언행은 삼가하는 것이 좋을 것이다.

지금 당장은 2008년 북경 올림픽이 있어서 세계의 이목을 의식하여 자제하는 부분도 없지 않겠지만, 신경을 써야할 부분이다.

한민족얼, 고구려의 기개가 여기에!

새장 속의 멧새와 만주족

옛날부터 송화강, 목단강, 두만강 주변 만주일대에서 수렵어로 채집생활을 하던 여진족들은 그 지방의 한 추장이던 누르하치(奴兒哈赤)가 만주지방에 흩어져 있던 여러 추장 세력을 통합하면서 강성해져 1616년(광해군 8년)에 심양(瀋陽)을 수도로 후금을 세운다.

한편 당쟁과 파쟁을 일삼던 명나라 왕조는 자체적 모순으로 이자성(李自成)이 이끈 농민군에게 멸망하고 만다. 이 틈에 이미 국호를 청나라로 바꾼 후금세력은 농민군을 두려워하고 있던 명나라 때 지배계급의 지원으로 북경에 용이하게 입성한다. 드디어 중국은 만주족에 의해 통일된다.

역사적 사실의 가정은 무의미하지만, 만약 이때 중국이 동북지방을 근거지로 한 만주족(여진족)에 의해 지배되지 않았더라면 지금의 국경선은 많이 달라졌을지 모른다.

중국 역사상 지리적으로 가장 거대한 통일국가를 이룩한 만주족이 어떻게 한족에게 동화되어 그들 스스로 만든 문자와 고유의 언어도 잃고 대부분 한족으로 편입되어 미약한 소수민족으로 전락했을까? 하는 점은 역사의 아이러니가 아닐 수 없다.

약 300년간 중국을 지배한 만주족의 풍속은 지금도 곳곳에 그 흔적이 남아 있다. 이와 전혀 무관할 수도 있지만 만주족 후예들의 사소한 풍습 하나를 여기에 소개해 본다.

서구인들이 개를 끌고 산책을 하는 것처럼 이곳에서는 노인들이 새장을 들고 이른 새벽부터 산책을 즐기는 모습을 어디서나 흔히 볼 수 있다. 특히 북경, 천진 그리고 산동지역에서 눈에 많이 띤다.

이들이 가지고 다니는 새를 보면 서구나 아프리카 등지에서 수입해 온 것이 아니고 대부분 토종 멧새들이다. 산간지방에서 흔히 눈에 띄는 그런 종류였는데 몸집이 작으면서도 잘 지저귀는 새를 특히 좋아하는 것 같았다.

이런 새는 가격도 비싼 편이었다. 잘 지저귀지 못하는 새는 아무리 아름답다해도 10위안 내외였으나 잘 지저귀는 새는 30위안 정도였다.

비약이지만 만주족이 한족에게 동화될 수밖에 없었던 이유 중에 하나가 만주족 후손인 이들이 새를 키우고 새장을 들고 다니는 심성에서 찾을 수 있지 않을까 하는 생각이었다. 그것은 마치 새장 안의 새와 같이 길들여질 운명에 있었던 것은 아닐까?

만주지방은 지리적 조건이 열악하다. 긴 겨울 혹한과 싸워야하고 맹수와도 싸워야했다. 만주 지배 세력들은 북경에 입성하여 적대 세력을 제압한 후 점점 안정을 찾게되자 과거 동북지방에서의 고난스러웠던 생활을 떠올리고 싶지 않았을 것이다.

그러나 고향이 어떤 곳이든 가끔은 생각나고 추억에 사로잡히는 것이 인지상정이 아닐까. 그리고 자금성에는 자신들이 살아왔던 고장과는 달리 나무 한 그루도 없어 새가 깃들 만한 장소가 없었다.

북경 인근 산악지대에서 잡히는 산새는 동북지역 산새와 대부분 같은 종류일 것이다. 만주벌판 동북산간지방에서 날아왔을지도 모르며 이 새들은 이곳에서 그곳으로 쉽게 날아갈 수도 날아올 수도 있다고 생각하고는 자신들의 고향을 생각했는지 모른다.

수렵할 때 혹은 집 근처에서 자주 보던 솔새, 찌르레기, 박새, 딱새, 방울새 등 이런 멧새를 새장에 가두어 기르며 고향의 추억을 더듬고 있는 것은 아닐까? 10월이면 찾아오는 겨울은 이듬 해 4월까지도 풀리지 않는데, 이런 동토의 땅에서 어렵게 먹이를 찾는 산새들의 삶이 자신들의 과거 만주지방에서의 삶과 다르지 않다고 생각하고 야생의 상태보다 충분한 먹이와 호화롭게 꾸민 포근한 새장을 가꾸어 주는 것이리라.

그리고 새장을 들고 산책하면서 자신들과 같은 처지라 여기며, 한족이라는 커다란 새장 안에 그들 스스로를 가두었는지도 모른다.

그러나 이런 세시 풍속도 여러 방면에서 끊임없이 변하고 있다.

대도시 중심으로 애완용 개나 고양이를 안고 다니는 사람들이 많이 눈에 띈다. 이런 애완용 동물은 수입품으로 값도 비싸서 부의 상징으로 여긴다고 한다.

활 같이 휜 어깨선에서 느껴지는 한없이 원만하게 보이는 새장을 들고 산책을 다니는 노인들의 모습은 이제 머지 않아서 역사의 뒤안길로 사라질 것 같다.

한민족얼, 고구려의 기개가 여기에!

동북 여행을 마치며

옌지(延吉)에서 바로 하얼빈행 열차를 탔다. 하얼빈까지 오면서 계속 상념에 잡힌 바는 안중근 의사·이또 히로부미·731생체실험부대·송화강 이런 것들이 아니었다. 여행의 여정(旅程)과 생활 역정(歷程)이 그렇게나 닮아 있는지가 줄곧 꼬리를 물고 스쳐 지나갔다.

어려운 노정을 지나면 순탄한 길이 나오고 순탄한 길인가 하면 역경이 돌출되고 수려한 풍광이 지나면 무료한 황량함이 펼쳐지고….

물론 개인에 따라 의미 부여는 다를 수 있겠으나, 이러한 반복은 개인차가 없을 것 같다. 여행은 그래서 생활 역정의 축소판인 셈이다.

그만큼 시간을 단축시켜서 짧은 시간 내에 일상에서 얻을 수 없는 많은 교훈과 경험을 얻을 수 있는 것도 바로 여행이라고 여겨진다. 특히 여행 중 어려운 고비를 넘기고 나면 여러 가지 얻은 것이 많아 가슴 뿌듯해질 수 있다.

중국을 여행해 보거나 이곳에서 생활해 본 사람이라면 '중국(인)은 정말 이해하기 힘들다. 도대체 알 수 없다' 라는 말이 자신도 모르게 여러 번 나왔음직하다. 나도 예외는 아니어서 좋은 상황에서보다는 나쁜 정황에서 더 자주 내뱉던 말이었다.

그러나 인내심 있게 앞으로 나가다 보면, 또 다른 새롭고 살만한 세상이 있음을 발견하게 된다.

마치 아프리카 어느 원시부족의 청년이 성년식(成年式)때 불덩이 위를 걸어가는 등의 의식을 치르고 나서 정신적, 육체적 성숙을 체험하듯이….

이것은 바로 도대체 모르겠다던 중국(인)의 얼굴과 가슴이 좀더 선명하고 가깝게 다가오는 계기가 되었다. 그래서 그들을 좀 더 알 수 있고 이해할 수 있는 동기가 되어 여행의 피곤함을 잊게 하는 청량제가 되었다.

- 중국 7대 고도(古都)
- 중국 5대 원림
- 중국 5대 유명석굴
- 중국 관광 지도

중국 7대 고도(古都)

※ 안양을 제외하고 6대고도로 구분하기도 한다.

안양은 3,000여년 전 은·상나라의 고도로 〈사기〉에는 정확한 위치가 기록되어 있지 않다. 오래 전부터 안양 소둔촌 농민들이 밭갈이 중에 갑골을 발견하곤 했는데 이것을 용골로 여겨 약으로 달여 마셔왔다고 하는데, 그 후 고고학자들에 의해 문자가 새겨진 갑골을 발견하게 되고 궁터가 발견되어 이곳이 상나라 도읍임이 증명되었다.

〈은허박물관〉

〈갑골문〉

낙양은 인근에 1만년 이전의 신석기시대 양소문화 유적지가 있으며, 하왕조로부터 상·동주·동한·북위·수·당·후당·후진 등 12개 왕조가 도읍을 정한 곳이다.

서안은 주·진·한·당 등 11개 왕조가 이곳에 도읍을 정하고 수십 명의 제왕이 등극하여 1,100여년 동안 이어진다. 한나라 때부터 세계 여러 나라와 교역을 시작하였으며, 육로 실크로드의 기착지인 셈이다. 서안은 찬란한 불교문화를 이룩한 당나라 문화유적이 진시황 유적으로 가려져 여행객들의 관심을 끌지 못하고 있다.

〈현장법사 소상〉
현장(602~664)은 당나라 때 고승으로 불경번역가이며 여행가이다.
천축국으로가 불경을 구해 17년만에 돌아와 불경 간행에 힘썼다.

남경은 일찍이 오나라 손권이 222년 이곳을 도읍으로 정한 후, 서진(265년, 사마염), 동진(317년, 사마예) 이후에는 송·제·양나라로 이어진다. 이를 통칭하여 6조시대라 한다.

남경은 또하나 빼놓을 수 없는 것이 손중산의 지도하에 신해혁명의 발상지로 이를 통해 청왕조가 무너지고 중화민족 임시정부가 탄생(1912년)한다.

〈조천궁〉
이 자리는 본래 기원전 5세기경 오왕부차가 주물을 녹여 칼을 만들던 곳이라 한다. 그 후 여러 왕대에 걸쳐 절을 짓거나 궁전을 지은 장소로 사용되어 오다가 명대에 조천궁으로 개칭하여 문무관원들의 학문과 수양을 쌓는 장소로 변모했다고 한다.

〈지명사〉
동진 때 고찰로써, 그 후 여러 차례 개·보수되어 오다가, 1989년 중건되었다.

〈송나라 황실 거리〉

개봉은 전국시대 위나라 (기원전 5~3세기) 5대 시기 (907~960년)인 후양·후진·후한·후주·북송(960~1127년)을 거쳐 금나까지의 수도로써 '7대왕조 도읍'으로 불린다.
현존하는 유적들은 대부분 북송 때 건립한 것이다.

북경은 요나라의 제2도읍을 시작으로 금·원·명·청의 고도로 800여년의 왕조사를 가지고 있다. 즐겨 찾는 유명 관광지로는 고궁, 이화원, 천단, 천안문광장, 팔달령장성, 향산, 북해 노구교 주구점(북경원인 유적) 등이 있다.

황제가 직접 나가 하늘에 제사 지내던 곳 〈천단〉

항주는 진나라 때부터 남방의 주요 거점도시였으며, 송나라 고종황제가 1129년 금나라 공세를 피해 개봉에서 이 곳으로 수도를 옮긴 후 150여년간 남송문화의 찬란한 꽃을 피운 곳이다.

〈악비묘〉

북송시절 금나라 침공에 결사항전을 주장한 명장 악비는 1141년 고종황제와 재상 진회를 비롯한 투항파에게 피살된다. 1163년 효종이 즉위하자 예를 갖춰 이곳으로 이장하였다.
후세 사람들은 악비의 충성심과 기개에 감복하였으며, 오늘날까지 참배객이 끊이지 않고 있다.

중국 5대 원림

　중국의 독특한 풍격을 지닌 원림 예술은 동진(東晋)이래 1,500여 년간 형성되어 왔다. 황실어원과 사택화원으로 크게 구분할 수 있는데, 많은 다양한 원림이 전국 각지에 산재해 있다.

　원림은 본래 소란스럽고 알력과 권모술수가 난무하는 현실 사회를 피해 고요하고 순수한 자연 속으로 돌아가고 싶은 또다른 인간의 욕망에서 기원한다고 볼 수 있다.

　지리적으로는 현실 사회를 떠나지 않고도 숲과 샘물의 조용한 자연의 소리를 들을 수 있으며, 무료하다 싶으면 시인·묵객을 초대하여 시·서화를 서로 논하는 시간을 만들었다.

● **졸정원**(소주)

1522년 조성되었고, 면적은 5만㎡로 최대 규모이다. 부지의 60%가 연못으로, 물 주변으로 누각이나 정자 등이 있다.

● 예 원(상해)

명나라 때 번윤단이 노부모를 위해 1559년에 정원을 가꾼 것이 시초였다. 현재 전문상점과 특산품점이 형성되어 쇼핑천국이 되었다.

● 유 원(소주)

명나라 때 만들어져 청나라 때 재건된 정원이다. 연못 주변은 태호석으로 장식되어 있고, 회랑의 벽에는 서예가들의 석각 300여개가 있다.

● 망사원(소주)

명대의 정원에 청대의 관료의 저택이었던 곳을 이용하여 만들어진 곳으로, 은거하는 어부의 그물의 모습에서 따왔다고 한다.

● 이화원(북경)

서태후가 살았던 별궁으로 유명한 세계 최대의 황실 정원이다. 총 면적은 2.9㎢이며 베이징시 서쪽 교외에 위치하고 있다. 인공호인 쿤밍호가 대부분을 차지한다.

중국 5대 유명 석굴

● **돈황석굴** (4세기, 감숙성 돈황시)

'우루무치' 오가는 길에 들릴 수 있다. 동굴 492개, 벽화 4만5천㎡, 조각상 2,400여기

● **운강석굴**
(4~5세기, 산서성 대동시)

내몽고자치구 수도 '후허하오터' 인근 초원지역 관광시 들리는 코스다. 동굴 53개, 조각상 5만여기

● **용문석굴**
　(5~10세기, 하남성 낙양시)

소림사, 숭산, 개봉을 함께 볼 수 있는 지역권이다. 조각상 10만여 기, 불탑 40여기, 비문 3,600여점, 감실 2,100여개

● **맥적산석굴**
　(4세기, 감숙성 천수시)

동굴 149개, 흙인형·석조상 7천여 기, 벽화 1,300㎡

● 대족석각 (9~12세기, 사천성 대족현)

전현 40여 군데 석각중 대부분 개방. 그리고 인근 보정산과 북산의 마애조각상도 함께 둘러볼 수 있다. '대족(大足)' 이라는 한자말처럼 부처의 큰 발자취를 뜻하는 것일까?

中國 觀光 地圖

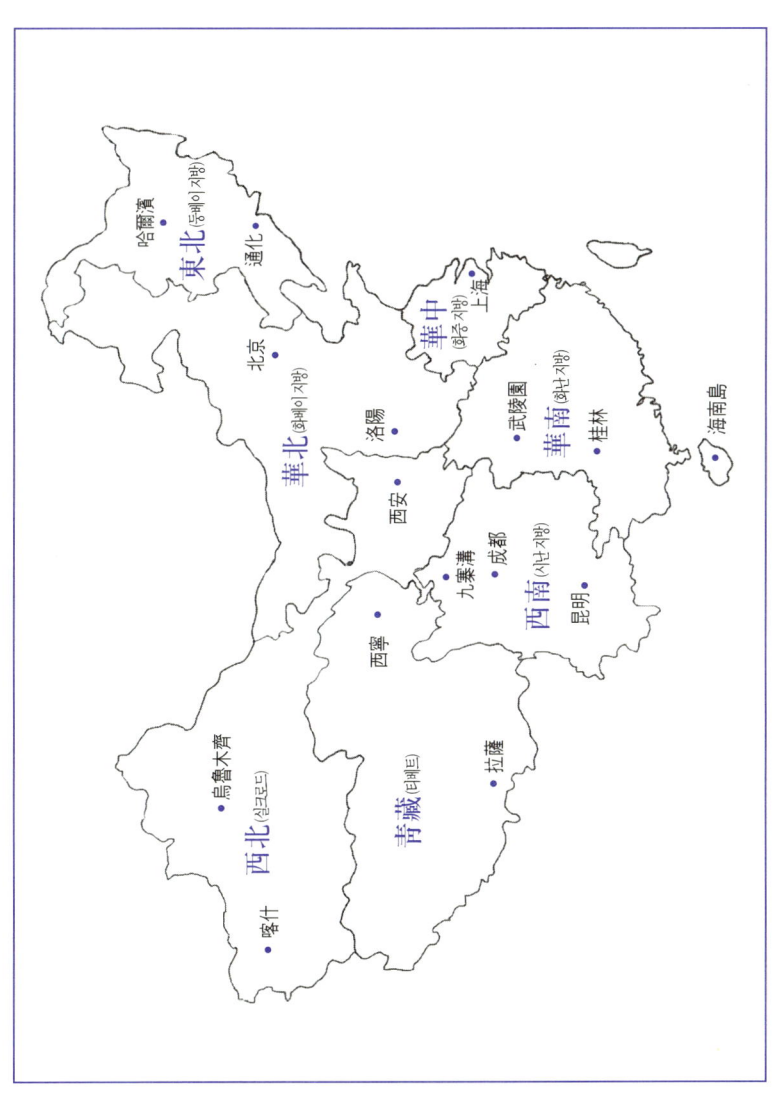